戦争は罪悪である

反戦僧侶・竹中彰元の叛骨

大東 仁

風媒社

竹中彰元

目次

第三章 わたしたちと竹中彰元 113

序　竹中彰元の平和発言

「戦争は罪悪であると同時に人類に対する敵であるから止めたがよい」

お釈迦様のお説法を「獅子吼《ししく》」と表現します。お釈迦様が真理・真実を語られるご様子は、獅子が吼えて、百獣を恐れさせるほどの威厳・威力があったことを示す言葉です。

「聖戦」の最中、真宗大谷派僧侶・竹中彰元《しょうげん》の語った言葉は、それを聴いた村の人々にとって、まさに「獅子吼」だったのではないでしょうか。度肝を抜かれた、肝を冷やした、という表現が適当と考えます。発言を聞いた人々は、彰元を「痛罵難詰《つうばなんきつ》」したと記録されています。

「獅子吼」に対する畏怖の念がそうさせたように思えてなりません。村人は彰元の発言に対し、怒りではなく恐怖を感じたのではないでしょうか。恐怖を感じたことで、お坊さまに対して、しかも七〇歳の老人に対して、攻撃的な態度をとったのでしょう。

この発言は、一九三七（昭和一二）年七月七日、日中戦争が勃発した二か月後の九月一五日、出征する（召集により軍隊へ入り兵士となる）村の若者を送るために、村人のほとんどが同行し国鉄東海本道線垂井駅へ向かう行列の中でのことでした。明泉寺のある岐阜県不破郡岩手村（現・不破郡垂井町岩手）から国鉄垂井駅まで、約一時間の道のりでの出来事でした。

彼の「獅子吼」は一度では止みませんでした。一〇月一〇日、今度は近在の僧侶たちに発言します。

「此《こ》の度の事変に就《つい》て他人は如何《いか》に考へるか知らぬが自分は侵略の様に考へる」

田舎のこと、彰元の九月一五日の発言についてはうわさが流れていました。同席していた僧侶たちも、うすうすは事件を知っていたようです。「痛罵難詰」があったことも知られていたことでしょう。しかしその発言が再び繰り返されるとは、予想もしていなかったでしょう。にわかには信じがたかったことでしょう。否、むしろその発言がより厳しいもの、日中戦争の本質をはっきりと突いたものになっていることに驚いたのかもしれません。

その場にいた、僧侶の一人が「聖戦」の意義を語ったこと。もう一人の僧侶が、そのようなことを警察や陸軍へ行って言えばどんなことになることか、と語った程度で、この場では「痛罵難詰」さえありませんでした。拍子抜けするほど、落ち着いた情況のまま終わっています。

罵声の言葉すら失った僧侶たちの様子が目に浮かびます。人々に「聖戦」を伝えることを繰り返していた僧侶たち。その役割を、基本的・本質的なところから否定した彰元。あまりの出来事に、その場面では緊迫することすらなかったというわけです。

このように、彰元の発言に対する村人と僧侶たちの反応には違いが出ています。聞いた人の立場の違いともいえるでしょう。しかし、これは一度目と二度目の違いということではないでしょうか。一度ならば「失言」かもしれない。しかしその発言が繰り返されるということは、失礼な表現ですが、「確信犯」としての発言になってしまいます。

村の人は、一度目の発言の後警察に通報することはありませんでした。これは一度目の発言は隠されていたことを示しています。事件は不問のままになっていたのです。しかし、一度目の事件からひと月もたたないうちに「侵略」発言が飛び出しました。僧侶たちは、彰元が、反戦の「確信犯」となったことに、最も大きな驚きを感じたと思えてなりません。

一〇月二六日、彰元の反戦言動は公式に認定され始めます。そう、警察に逮捕されたのです。そして翌年四月二七日、有罪判決確定。一一月一八日、彰元の所属する真宗大谷派からも処分が下ります。僧侶として反戦を主張することを、僧侶からも否定されたのでした。彰元の反戦言動は、自らも認め、村人・僧侶からも認められ、国からも認められ、最後には大谷派からも認められた完全無欠なものでした。

今、竹中彰元は評価されるべき人物と考えています。その理由は、僧侶として、「戦争は罪悪である」という真実を語り、日中全面戦争は「侵略戦争である」と事実を語ったことにあります。そして、真実や事実を語ることすら許されなかった時代の行動だということも注目すべきです。

彰元は、さほど有名な僧侶ではありませんでした。戦後も彰元の行動は埋もれたままになっていました。残された史料も決して豊富ではありません。しかし私自身が真宗大谷派の僧侶であり、彰元の反戦・平和の行動に敬意を表するものとして、単なる記録として彼の行動を留めるだけでなく、彼の行動から私自身の平和への行動を考え、学び取っていきたいと考えています。仏教と戦争、そして平和。現在から未来へ、社会的にも重要な問題のはずです。その問題を担い続けるためにも、彰元から学び続ける必要があると思うのです。

彰元の行動、そして彰元が所属していた真宗大谷派という組織と日本国の動き。この三つを合わせ見ることで、彰元の伝えたかった「平和」が再び意味を持ち、私たちの学びの糧となってくると思うのです。その学びは未来への財産になる可能性を持つものだとも考えられるのです。

「真実」を学び「事実」を見つめる。彰元は頭の中で抽象的に思い巡らしたのではなく、彼自身の生活の場で、村の中で実践した僧侶だったのです。

第一章　真宗大谷派僧侶　竹中彰元

彰元の出生

岐阜県不破郡垂井町岩手真宗大谷派明泉寺《みょうせんじ》竹中慈元《じげん》（のち彰元と改名。以下、「彰元」で統一する）は、幕末の一八六七年一〇月二九日（旧暦　慶応三年一〇月三日）、父元聞《げんもん》・母嘉乃《よしの》の間に生まれました。明泉寺は、戦国時代の軍師竹中半兵衛の祖父の兄を開基とする寺であると伝えられています。

垂井町は「竹中半兵衛の町」として観光地にもなっています。有名な地名でいえば、徳川家康と石田三成が戦った関ヶ原の隣町になります。

明泉寺の所属する宗派、真宗大谷派は鎌倉時代の親鸞という僧侶を宗祖として始まった宗派

彰元の寺・明泉寺

（教団）です。本山は京都にある東本願寺です。現在日本には「真宗」を名乗る宗派は十以上を数えます。よく大谷派（東本願寺）と間違えられるものに、浄土真宗本願寺派（西本願寺）があります。両者は、元々は一つの宗派だったのですが、江戸時代の初期に分離しています。ですから、似ている部分が大変多く、混同する人も多いのです。少し乱暴な分類ですが、関西から東には大谷派寺院が多く、西には西本願寺寺院が多いという傾向があります。どちらも「南無阿弥陀仏」という念仏を称える宗派です。ご本尊は「阿弥陀如来」という仏さまです。

　明泉寺のすぐ近くには岩手小学校があります。徒歩五分といったところです。この学校は一八七三（明治六）年に菁莪《せいが》義校という私立学校として開校しており、開校時に入学適齢期となっていた彰元は、生徒として籍を置いていました。残念ながら、学校の生徒記録などは一切残っていないとのことで、入学・卒業がいつだったのか確実なことはいえません。しかし就学年齢に達した時、村の中に小学校ができたことで、同時代の人の中でも彰元は学業に恵まれていた子どもだったといえます。

住職になるための勉強

一八七六（明治九）年三月二〇日、彰元は数え年九歳で得度《とくど》。つまり僧侶になっています。大谷派は、宗祖親鸞が九歳で得度したことから、現在でも満九歳になると僧侶になることを認めています。

同年五月一五日には、岐阜市内にある大谷派岐阜別院内に小教校が開設されました。小教校とは、大谷派が作った学校で僧侶にとって必要な教養・知識を身につけるための学校です。そして寺院の住職になるためには、国から「教導」に任命されなければならず、大谷派は小教校卒業の資格がなければ、国に「教導」候補者として推挙しないと決めていたのです。

この国の規定が廃止されたのが一八八四（明治一七）年八月二〇日。しかし国の規定がなくなっても、大谷派は「教導」を「教師」へと名称のみを変更し、住職任命に小教校卒業の義務を設けていました。

　岐阜小教校の記録は現存せず、彰元の入学・卒業年は不明ですが、彰元の年齢を考えると、国の規定として、寺院住職になるために小教校卒業は絶対の条件だった時代に通学していたと考えられます。いずれにせよ彰元の小教校時代は、得度した一八七六（明治九）年から住職となる一八八五（明治一八）年までの間であることは間違いありません。

　一八七六（明治九）年五月二七日に改定発表された、大谷派「小教校条規」によれば、在学は「幼年」より満一五歳まで（後、三〇歳までと改定）。「幼年」のために予科が六級あり、半年で一級進級し、三年間の課程でした。ただこれは義務ではありません。まだまだ全国全てに小学校は設置されておらず、小学校を卒業していない者のための課程でした。だから義務とされたのは「正科」卒業でした。「正科」もやはり六級。半年で進級し三年間の課程でした。だから彰元の在学は、三年間と考えられます。

　小教校には、寄留生の制度もありました。明治初期の時代、垂井から岐阜への通学はほとんど不可能だったと考えられ、彰元は学校に寄宿していたと考えています。

　小教校（岐阜だけでなく大谷派全部の小教校）での寄留生活は、春分から秋分までの季節は五時半以前の起床。秋分から春分までは六時半までの起床と規則にあります。門限は午後九時。休日は毎月一日・一一日・二一日の三日間と四日・二八日の午前中のみ。夏休み・春休みは無。

祝祭日・報恩講・冬休みなどで二五日間の休みと、現在では信じられないような厳しい学校でした。しかし一方では、「受業《ママ》中雑談高声スヘカラス」「教場中ヲ疾走スヘカラス」という規則もあり、何かのんびりした教育という印象も持ちます。いずれにせよ、後に大学進学、しかも二つの大学に進んだ彰元のことです。学校での勉強を苦痛に思うことはなかったでしょう。

　ただし、彰元の履歴書には「岐阜地方教校卒業」とあります。小教校は一八八一（明治一四）年五月二三日、地方教校と改称されるのです。就学期間も三年間となりました。これは小学校が各地に整備されてきたことによります。小教校の予科が廃止されたということです。

　彰元の地方教校の入学年・卒業年は不明です。だから入学時から地方教校だったのか、また入学は小教校の時代なのかについては不明なままです。

　また、履歴書の学歴には「大垣漢籍塾」という記述もあります。岐阜県大垣にあった「漢籍塾」（中国語の文献、漢文を学ぶ塾）にも通っていたのです。ここからは推定ですが、小教校卒業後、当時大垣に在住した野村藤陰という高名な儒学者が主催する私塾、「鶏鳴塾」に通っていたのではないでしょうか。真宗大谷派僧侶で、日本最初の文学博士となった南条文雄もこの私塾へ通っていたといいます。ということは、大垣では大変有名な私塾だったはずで、彰元が通った私塾のような気がします。

　彰元は日露戦争当時、漢詩を残しています。その漢詩の素養は漢籍塾時代に身につけたものだと思います。

彰元の家族

一八八五（明治一八）年二月二三日、彰元の父であり明泉寺住職である元聞《げんもん》が死去しました。跡継ぎである彰元は、同年五月一四日に明泉寺副住職、そして一〇月三〇日には明泉寺住職に就任しています。彰元一八歳の時でした。

彰元には多喜《たき》という妹がありました。多喜は近在の大谷派寺院の次男、小野右門《うもん》と結婚し、一八八八（明治二一）年一一月一一日に長男界雄《かいおう》が誕生しています。多喜夫婦は明泉寺で彰元と同居していました。彰元は結婚生活がうまくいかず、この界雄を養子に迎え明泉寺の後継者としています。甥を跡継ぎにしたのです。

義理の弟、小野右門は、彰元が大学進学や布教活動により自坊を留守にすることから、「院代」（住職のかわりに寺務をする）として明泉寺の寺務を引き受けていました。それが縁で多喜と結婚したようです。明治・大正の時代、彰元は留守がちでしたが、母を含め四人の家族があったのでした。

「一殺多生」の教え

彰元が小教校で学んでいた頃、大谷派はすでに戦争協力の準備をはじめていました。仏教者が戦争肯定・協力をする場合、最も邪魔になるお釈迦様の教えは「不殺生」です。意味は説明するまでもなく、「殺してはいけません」ということです。これはお釈迦様が定められた「五戒」（五つの戒律）*の筆頭にある決めごとです。お釈迦様がこの戒律を最重要視していたことはいうまでもありません。

この「不殺生」に対し、大谷派（他の宗派も）は「一殺多生《いっせつたしょう》」という言葉を用意しました。少し殺して多くが生きる。多くを生かすためだから少しぐらいは殺してもかまわない、という意味になります。大谷派は、仏教（不殺生）の教えとは別物の「大谷派の教え」（一殺多生）を布教していたのです。

近代日本初の対外戦争である日清戦争の十一年前、一八八三（明治一六）年四月一日発行の、真宗大谷派機関誌『開導新聞』（開導社発行）に掲載された「仏教ト社会トノ関係」（前号より連載。引用は続編の部分）を見てみましょう。そこではこのように戦争での殺人を肯定しています。

「一殺多生ハ仏ノ遮スル所ニ非スシテ愛国ノ公義公徳ナリ」と。そして「身ヲ殺シテ仁ヲナスハ教化ノ功績」と言っています。つまり、一殺多生は仏さまが禁止することではなくて、愛国のための正義であり徳である。自分が犠牲となっても公義公徳を実践することは、布教による功績となる、と「一殺多生」の布教が重要であることを訴えているのです。そして、「公義公徳」を実践した上で、仏教を信仰すれば仁慈の心もおこり、やがては「軍艦兵器ヲ閑却スル二至ル」としています。

これは大きな矛盾です。「愛国」という価値観（「一殺多生」）を主張し、同時に仏教という価値観（「軍艦兵器を閑却する」）を主張したのです。「平和のために戦争する」という考え方です。このように「国」と「仏教」という矛盾した価値観を共存させていたのが大谷派でした。これを「真俗二諦《たい》」の教えといいます。「真」は仏教、「俗」は国家。「二諦」は、「車の両輪」「左右の翼」にたとえられます。「二つあって一つである」というたとえです。大胆な説明をすれば、「生きているうちは国」「死んでからは仏教」と分け、しかもこの二つを同様に大切なものとしたのです。

後々の住職を養成するための小教校。ここでは間違いなく、このような教えが教育されていたはずです。そしてこの教育は、彰元にも多少なりとも影響を与えていたはずです。

＊「五戒」　不殺生…殺すな。不偸盗《ふちゅうとう》…盗むな。不邪婬《ふじゃいん》…みだらなことをするな。不妄語…ウソをつくな。不飲酒《ふおんじゅ》…酒を飲むな。

向学心

若くして寺院を任されたにもかかわらず、彰元は向学心旺盛でした。住職就任の年から、本山・東本願寺の「夏安居《げあんご》」の聴講をはじめます。

安居とは、一定期間一室にこもって仏教修行をすることです。要するに夏季学校ということです。一八八一（明治一四）年五月三〇日に改定された「貫練教校例規」（彰元が安居を聴講していた時代の規定）で大谷派は、安居について夏講（五月一五日～七月二六日）・秋講（九月二日～一〇月一五日）・春講（三月二日～四月一五日）と定めています。このうち重要なものは「夏講」でした。通常、安居とは夏季のものなのです。これはお釈迦様が生活されたインドでは夏は雨季であり、僧侶たちの外出もままならず、そこでお寺にこもっての修行期間と決められたことがその始まりだからです。

一八八八（明治二一）年からは制度が改定され、夏安居は七月一一日から九月一五日までとなりました。

彰元は履歴書に「安居九夏聴講」と記しています。そして「初入懸席」を一八八五（明治一八）年五月と書いています。ただし、それ以後毎年連続しての参加なのかどうかはわかりません。参考までに一八八五（明治一八）年から九年間分の安居講師・講題を列記しておきます。

一八八五（明治一八）南条神興『往生要集』、神守空観『五教章』
一八八六（明治一九）南条神興『往生論註』、草野義順『天台四教儀』
一八八七（明治二〇）細川千巌『安楽集』、竜山慈影『倶舎論』
一八八八（明治二一）宮地義天『観無量寿経』、楠潜竜『無量寿経』、調雲集『大乗起信論』
一八八九（明治二二）武田行忠『往生礼讃』、雲英晃耀『選択集』、渡辺法瑞『叢林章総料簡章』
一八九〇（明治二三）細川千巌『往生論註』、調雲集『観経玄義分』、吉谷覚寿『叢林章唯識章』
一八九一（明治二四）雲英晃耀『観経散善義』、稲葉道教『浄土文類聚抄』、竜山慈影『大乗起信論義記』
一八九二（明治二五）楠潜竜『観無量寿経』、占部観順『観念法門』、渡辺法瑞『倶舎論世間品』
一八九三（明治二六）細川千巌『選択集』、広陵了栄『観経序分義』、池原雅寿『叢林章断障章』

哲学館へ

このように安居を聴講している中、彰元は、一八九一（明治二四）年一〇月一日に哲学館（現・東洋大学）に入学しています。ここで不思議なのは、大谷派の大学である大谷大学入学

（この頃は「大学寮」といった。近代的な大学ではない。後述）ではなく哲学館入学の事実です。

常識的に考えれば、大谷派の学校である大学寮へ通学するはずです。大谷派僧侶としての学歴や資格、階級を得るためには最も適当な学校だからです。

では、なぜ。その理由は推測するしかありません。西洋哲学という新しい学問への憧れ。東京という地への憧れ。現在の日本と違い、この頃世界につながっているのは東京だけだったはずです。それとも、新進気鋭の学者井上円了への憧れといったところでしょうか。

井上円了は、一八八八（明治二一）年一月八日からは毎月三回『哲学館講義録』を発行し、哲学館の通信教育を始めています。この年、通信教育（館外員制度と呼んだ）を受けたものは一八三一名に達しており、彰元の周辺にも講義録を持った館外生がおり、その影響を受けたのかもしれないとも思います。また、真宗大谷派僧侶広瀬顕雄さんは、「井上円了が（哲学館創設者。真宗大谷派僧侶）全国講演で一八九〇（明治二三）年一一月一五日、岐阜市大谷派別院に来て、仏教講演をした。恐らく彰元はこの講演を聞いて、いたく心を動かされたのであろう。翌年上京して哲学館に管内入学（ママ。館内入学。つまり通学生のこと）をした」と推定しています＊。

＊広瀬顕雄「「戦争は罪悪である」と言い切った竹中彰元の反戦言動」『身同―解放運動推進本部紀要』第二四号・二五号合併号　真宗大谷派解放推進本部編　真宗大谷派宗務所　二〇〇四（平成一四）年一二月二〇日

しかし残念ながら彰元の東京留学は失敗に終わりました。哲学館発行の『哲学館講義録』に記載されている館内員「勤惰表」によれば、彰元の授業出席数は、入学した一〇月に一九回、一一月は一回。そして一二月から三月にかけては一度も出席しませんでした。四月からは名簿から名前がなくなっています。つまり、彰元の在籍が半年であり、実際に通学できたのは二か月であったのです。

失礼ながら、明泉寺は経済的に裕福な寺院ではありませんでした。妹夫婦の生活もありますから、仕送りはなかったと考えられます。当時の哲学館学費は年間一二円。東大が二五円ですから、破格の安さではありました*。しかし、なんとかやっていくだけの計画は立てていたはずです。一か月での挫折が経済的な理由とは考えにくいのです。では、その理由とは何か。それは同年一〇月二八日、岐阜・愛知一帯に起こった濃尾大地震（死者七千三百名）ではないでしょうか。この災害のため、あわてて自坊へ戻ったのでしょう。

*三浦節夫『ショートヒストリー　東洋大学』東洋大学　二〇〇五（平成一七）年三月二〇日　改訂第四版参照。

一八九三（明治二六）年九月一六日には大谷派の学階である「擬得業」を授与されています。

当時の大谷派大学寮の制度は、通学と夏安居のみ聴講するという二つの学生制度を持っていました。彰元は安居のみ参加する「大学寮」学生だったのです。もちろん安居の聴講は強制ではありません。あくまで自由参加でした。現在の学生制度とは異なった学生制度もあったのです。

彰元の授与された学階は、安居七回以上の聴講が必要条件でした。初聴講が一八八五（明治一八）年であり、一八九三（明治二六）年の学階授与までは九回分あります。資格を取るには十分条件を満たしているのですが、ここから疑問も出てきます。七回参加の条件なのになぜ九年間もかかったのか、という疑問です。

先にも記しましたが、このことから安居参加は、毎年連続してではないかもしれないと考えるのです。一八九三（明治二六）年一〇月三一日発行の、真宗大谷派本願寺寺務所文書科『本山事務報告書』にある彰元が「擬得業」を授与された記事では、「去月十六日夏満ノ者等ニ得業擬得業ノ学階ヲ授与セリ」とあります。つまりこの年の夏安居は聴講していたのです。

資料がないのは残念なことと思うと同時に、推定・空想に惑わされてしまいます。話がややこしくなるので、確実なことだけ確認しておきましょう。

① 彰元は九回の安居を聴講した。
② 初の安居聴講は一八八五（明治一八）年。
③ 一八九三（明治二六）年の安居は聴講した。

④　一八九三（明治二六）年までに七回以上の安居聴講。

真宗大学生

一八九五（明治二八）年、彰元は京都真宗大学選科（現・大谷大学）に入学しました。そして、これ以前に京都にある「仏教学会」で一年間、寄宿して学んでいたと思われます。

「仏教学会」についてでは、確実な史料を見つけることはできませんでした。しかしここは、「仏教学の学会」ではなく、真宗大学に入学するための予備校のような性格を持っていた学校と考えていいでしょう。

「仏教学会」は、一八九二（明治二五）年二月五日に、仏教学館と改称されています。その仏教学館は、真宗大学寮入学・助訓（住職になるための「教師」の階級）試験・副住職試験のための学校で、期間は一年間と定められていました。勉強に利するため、寄宿舎もありました。おそらくは、「仏教学会」もこれと違いのない性格を持っていたものと思います。彰元の履歴書を見ると、「其余岐阜地方教校　大垣漢籍塾　京都仏教学会略之」と記されています。予備校程度のものですから、略したのだと思います。

彰元は、真宗大学の三年生に入学しました。入学時に三年生というと不思議に思いますが、このころは近代的な大学制度の創生期で、学校制度がめまぐるしく変遷しています。ここで「選科」の制度を解説しておきます。

履歴書には、一八九七（明治三〇）年七月真宗大学卒業、の記述はありますが、入学の記述はありません。つまり、入学時期は不明でした。

「選科」については、一八九六（明治二九）年六月二四日に大学寮選科規定が制定されています。だから、彰元は一八九六（明治二九）年入学・一八九七（明治三〇）年卒業と判断していました。選科規定では、四年生から入学することも可能だからです。

ところがなんと、一八九六（明治二九）年七月二五日発行の大谷派機関紙『本山事務報告』を見て驚きました。真宗大学寮「本科第一部第三年修了　選科生」名簿に「竹中慈元」（改名前の彰元の名前）とあるではありませんか。彰元は七月一三日に選科生として三年生を修了していたことがわかったのです。

真宗大学選科は、安居聴講七回以上のものは無試験で一年生として入学できるという制度でした。ただし、この安居七回以上の規定を満たしたうえ、さらに試験を受けることにより、飛び級入学もできたのです。彰元は、安居七回以上の聴講という条件は満たしていましたが、さらに「仏教学会」という予備校で試験勉強をし、大学二年生修了程度の入学試験を受けたと考えられます。そして合格し、いきなり三年生となったのです。

大学制度創成期、まず学生を入学させてから、その制度を作り上げるという、現在の常識とは反対のことがおこなわれていたのです。知識はないのですが、大谷派の大学以外でもこんな状態だったのでしょうか。

この前年には、大学寮の進級者名簿に「選科生」の文字は見当たりません。よって「選科生」は間違いなく一八九五（明治二八）年から実働していた制度であることがわかりました。その第一期生が竹中彰元だったということです。ただ、いくら安居・予備校へ通ったとはいえ、いきなり三年生として入学したのですから、彰元は向学心旺盛なだけでなく、かなり成績がよかったことも間違いありません。（資料編・一四三頁参照）

この年、真宗大学では学生による同盟休校事件が起こっています。事件は一八九六（明治二九）年一〇月一〇日、今川覚神《いまがわかくしん》・月見覚了《つきみかくりょう》・稲葉昌丸《いなばまさまる》・清川円誠《きよかわえんじょう》・井上豊忠《いのうえほうちゅう》・清沢満之《きよざわまんし》の六人が、寺務改正と教学刷新を訴え『教界時言』の発刊を開始したことに始まります。これに真宗大学学生が呼応し、大学に休学届けを提出し、教学刷新*の宣言書を発表したのです。

これに対し本山は一一月一一日、研究科生一四名・本科生七九名・選科生七名を退学処分としました。本山批判を許さないという態度だったのです。この中には、後に高名になる多田《ただ》鼎《かなえ》・暁烏敏《あけがらすはや》らの名前が見えます。彼らは清沢満之の弟子として、「近代教学」を担っていきました。

彰元の使った輪袈裟二本（上・学師袈裟、下・鶯　輪袈裟）

彰元はこれに参加することなく、翌年八月九日に卒業しています。教団の問題より学問の方に関心が強かったのでしょう。またこの事実から、彰元は「近代教学」から距離を置いていた僧侶、つまり「伝統教学」（江戸教学）に属する僧侶だったといえます。

この卒業により、一八九八（明治三一）年九月三日には「学師補」、一九〇四（明治三七）年九月三〇日に「学師」の学階を授与されています。

＊本山改革への提言　一八九六（明治二九）年一〇月三〇日発行の『教界時言』第一号、「大谷派内の有志者に檄す」に大谷派の「内事」・「財政」・「教学」の問題が指摘された。「内事」では、職員の失態で「法主」の権威が傷つけられていること。「財政」は、負債返却のため疲弊したこと。「教学」は、財政問題ばかりが問題となり、教学への関心が薄れていること。以上三点の改革が主張されていた。学生たちは特に「教学」について提言した。

日清戦争と戦争教学の進化

一八九四（明治二七）年八月一日、日本は清国に対し宣戦布告し日清戦争が始まりました。その五日後、大谷派は戦争協力を開始します。大谷派「法主」の発表した文書、「垂示《すいじ》」がそのはじまりでした。

ここでは「帝国ノ臣民タルモノ此ノ時ニ際シ宜シク義勇君国ニ奉スヘキ」と、まず国民としての門徒（真宗大谷派の信者）に呼びかけています。

次に大谷派の門徒として、「二諦相依《にたいそうえ》＊1ノ宗義ニ遵《したが》ヒ朝家ノ為国民ノ為念仏候フヘシ＊2トノ祖訓ヲ服膺《ふくよう》シ専心一途報国ノ忠誠ヲ抽《ぬきんじ》シ」（仏様の教えと国の教えを両方大切にする大谷派の教えに従い、天皇のため・国民のために念仏しなさい、といった親鸞の教えを心にとどめ、もっぱら一途に国への忠誠を人より立派におこなって）、そして軍事費のために金銭を国に献納しなさい、兵士の労苦を慰め、そしてその士気を上げるために物品を寄贈しなさい、と具体的な戦争協力を提示し実践することを教えています。

また門徒の兵士に対しては、「速ヤカニ他力本願＊3ヲ信シテ平生業生《へいぜいごうじょう》ノ安心《あんじん》ニ住シ身命《しんみょう》ヲ国家ニ致シ毫《すこし》モ恐ルヽ所ナク勇往奮進以テ国威ヲ海外ニ発揚シ同心一致海岳ノ天恩ニ奉答スヘシ」（はやく他力本願の教えを信じ、生活の中で救われるという信仰を確立し、命を国に捧げ、少しも恐れることなく勇気を持って進み、日本の威光を海外に発展させ、心を一つにして深くて大きい天皇の恩に報いなさい）と教えました。

先述の「一殺多生」で戦争教学を作り始めた大谷派は、日清戦争と同時に「戦争布教」を始め、そこに、明治維新以後に作られた「国のため」・「天皇のため」という教学を新たに取り入れて、単に戦争を肯定する「一殺多生」ではなく、積極的に「天皇のため」に戦争する、という戦争教学をつくりあげたのです。

日清戦争当時、彰元は大谷派の学校で学ぶ学生でした。この頃は、戦争教学に特化した授業があったとまでは考えていませんが、多少なりとも戦争教学の影響は受けていたのではないでしょうか。彰元の心は、どのように動いていたのでしょう。

＊1　二諦相依　前述の「真俗二諦」のこと。真諦・俗諦が互いに助け合うという意味。

＊2　宗祖親鸞の消息（手紙）に書かれた一文。（念仏を弾圧する）朝廷や、（世間的価値観で生きる）国民のために念仏しなさい、の意味。敵対する者も排除しない、という念仏者の姿勢を表す一文。戦前の大谷派では、カッコ内の意味を無視することで、本来の意味とは正反対の、天皇のため国民のために尽くしなさい、という国家協力の言葉として布教した。

＊3　他力本願　阿弥陀如来の力を頼り、成仏する教え。他力とは、「他人の力」ではなく、阿弥陀如来の力、の意味。

「軍隊・監獄布教使」教育

彰元は、卒業後そのまま京都にとどまり、教導講習会＊1へ入学しました。ここは、一八九七（明治三〇）年八月二一日に改定された教導導講習会規則第一条にあるように、「軍隊監獄等ノ布教ニ適応スル人材を養成スル所トス」と、国家に役立つ布教使を養成することを第一の目的とした教育機関でした。日清戦争の影響を大きく受けて設立されたのでしょう。

ここで一年間学び、一八九八（明治三一）年七月一二日に卒業しました。甲部では、ただ一人の卒業生です。彰元は、将来布教使として身を立てることを計画していたのでしょう。いずれにせよ、布教使としてかなりの学歴を持ったことになりました。

講習生は甲部・乙部に分けられ、甲部は学階のあるもの（真宗大学卒業程度）、乙部は真宗中学校卒業程度でした。修了後は、甲部修了は「布教使」、乙部修了は「布教使試補」に任命され、五年間は大谷派の教務に従事することとされていました。一八九八（明治三一）年七月二三日には、教導講習院と改称しています。

彰元は、同年一一月九日には教師資格として「少助教」を与えられています。大谷派僧侶として、少しずつその身分を上げていっていました。

　後に彰元は反戦言動をします。しかし、彼が大谷派僧侶として受けた教育は、「軍隊布教」という戦争協力に直結するものであり、「五カ年間専ラ教務ニ従事スルノ責務ヲ有ス」との規則から、戦争布教の義務も持っていたのです。またこの進路は、強制されたものではありません。彼自身の選択・判断によるものなのです。とすれば、この時点での彰元は大谷派や他の僧侶と同様、軍隊布教・戦争協力に対する疑問・批判をまったくもっていなかったといわざるを得ないのです。

　この事実は、日露戦争の真最中、一九〇五（明治三八）年一月に作られた彰元の漢詩からも証明されます。その漢詩とは、

歳　旦　　　　　　　　　　　　酔石※

寒山瑞色百川清　　　　かんざんずいしょく　ひゃくせんきよし
今日匂奴滅裂聲　　　　こんにちきょうど　めつれつのこえ
三十八年梅既発　　　　さんじゅうはちねん　うめすでにひらく
皆言萬歳拝皇城　　　　みなばんざいをいい　こうじょうをはいす

※彰元の雅号。ちなみに彰元は、まったく酒を飲まなかったとのこと。

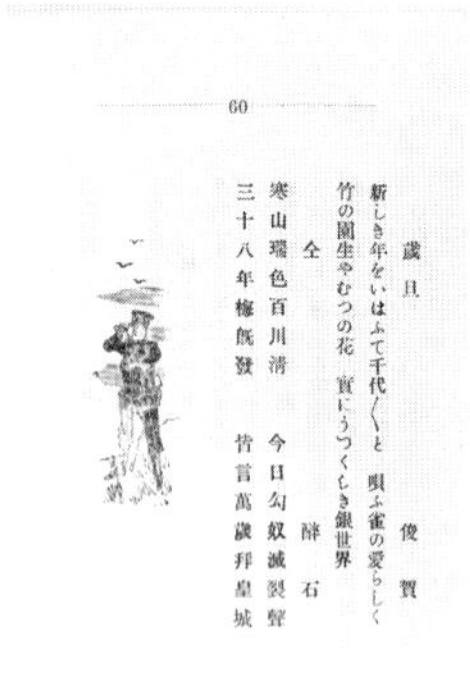

60

歳旦　俊賀
新しき年をいはふて千代〳〵と　唄ふ雀の愛らしく
竹の園生やむつの花　實にうつくしき銀世界
仝　醉石
寒山環色百川清　今日匈奴滅裂聲
三十八年梅旣發　皆言萬歳拝皇城

「清涼の園」。右は掲載された彰元の漢詩

というものであり、〝歳旦〟という時期から、旅順のロシア軍降伏（一月一日）を祝ったものであることがわかります。この漢詩が掲載された冊子「清涼の園」を見ると、脇の挿絵には日本軍人が描かれています。日本の戦勝を祝う漢詩をつくる彰元に反戦意識の芽生えを見出すことはできません。また戦闘勝利を祝うだけでなく、詩的な表現ながら大谷派の戦争布教同様「天皇のため」という価値観をも織り込んでいます。ここには、仏教的価値観はまったく存在していません。戦争犠牲者への視点もまったく存在していないのです。

「軍隊布教」を学んだこと、日本軍勝利を祝う漢詩を作っていることから、青年期の彰元は、戦争に疑問を持たない、ごく一般的な大谷派僧侶だったといえるのです。そして少なくとも大谷派の学校で受けた教育には、後の反戦言動へ結びつくものはまったくありません。それどころか反戦言動とは正反対の教育を受けていたのです。

ということは、後に彰元は、この頃受けた大谷派の教育を裏切り、また教導講習会という学費免除の教育を受けさせてくれた大谷派教団の恩をも裏切ることになります。

＊一八九五（明治二八）年一一月二七日、軍隊・監獄布教のため「布教使」が置かれた。その布教使を養成するために、同年一二月二四日に教導講習会が設置された。二年の講習期間で、学費は免除されていた。一八九六（明治二九）年八月二五日、一八九七（明治三〇）年八月二一日に条例が改定され、大きな改定としては、一八九七（明治三〇）年の改定で講習期間は一年間とされた。

再び哲学館へ

一八九八（明治三一）年七月一二日、教導講習会甲部を卒業しても、彰元の向学心は衰えませんでした。一八九九（明治三二）年九月からは、京都高倉会館で開講されていた大谷派の仏教学者吉谷覚寿の唯識（履歴書には「唯識三十述記」とある）の講義を受け始め、翌年七月に修了しています。修了後はいったん明泉寺に戻り、住職としての仕事に従事していました。

一九〇一（明治三四）年一月一六日、彰元は再び哲学館に入学しました。よほど哲学館への思いが強かったのでしょう。前回は実質一か月程度の通学でした。再起を期したのです。

今回もある程度の貯金を持っていたのではないでしょうか。一月五〇回、二月四七回、三月二〇回、四月三四回、五月五七回と講義の出席もかなりのものでした。しかし六月になると二回しか出席していません。そして七月には除籍となったようです。再びの挫折でした。今度は経済的な事情でしょうか。

彰元の履歴書には、「哲学館　哲学部修了　明治三十五年七月」と記されています。「明治三十五年」は「明治三十四年」の間違いですが、「修了」というのはウソです。もちろん「自分で修了した」という言い訳はできるかもしれません。しかし常識的には、卒業した、と誤解する書き方です。ここに彰元の哲学館に対する思い入れが見えています。通学したかった、卒業したかった、という思いはとても強いものだったのでしょう。くやしさがにじんでいるように見えるのです。しかし彰元の思いは、後に満足させられました。彰元の努力は、井上円了の教育方針により報われたのです。

一九〇三（明治三六）年八月、井上円了は「哲学館称号規定」を制定します。これは「学問上の成績」に対してだけでなく、「広く社会全般の上に於て功労名誉」のある者に対して称号を授与するという規定でした。彰元は、第三回の称号授与者に名前を連ねています。一九〇五（明治三八）年四月のことでした。「得業《とくぎょう》」、つまり卒業生と同じ資格を与えられているのです。この時期、彰元は東京浅草別院を中心に布教活動に従事していました。おそらくこれがその授与理由と考えられます。彰元にとって、大きな大きな喜びであったことでしょう。いや、むしろ学業に挫折した悔しさを、一層かみしめたかもしれません。

彰元の哲学館時代を調べるために、筆者は東洋大学を訪問しました。ここに書いたことはその時に教えていただいたことばかりです。もう一つ、おもしろい資料がありました。一九〇八（明治四一）年一二月発行の『東洋大学同窓一覧』という冊子です。ここには彰元の現住所が「（東京）浅草区松清町大松寺」とあります。翌年の『東洋大学同窓一覧』にも同じ住所が書かれています。

この大松寺というのは、曹洞宗のお寺です。東京浅草別院のすぐとなりにありました（現在は移転）。彰元の東京浅草別院時代の下宿先と思われます。曹洞宗という他宗派の寺ではありますが、場所が別院のすぐ近くという理由によるものでしょう。

ただ、疑問もあります。一九〇八（明治四一）年・一九〇九（明治四二）年頃は、彰元は明泉寺にいたはずなのです。『東洋大学同窓一覧』の情報が古かったのでしょうか。それとも再び東京に居住していたのでしょうか。一九〇九（明治四二）年から数年間の彰元の活動についての資料はありません。謎は解決しませんでした。

一九一一（明治四四）年の『東洋大学同窓一覧』では、現住所は空欄。そして一九一九（大正八）年には、明泉寺の住所が書かれています。一九二四（大正一三）年には「慈元改竹中彰元」と記載されています。中退ではありますが、「得業」を得たことで「同窓」となっていたのでしょう。

いずれにしても、明治時代、地方農村出身でこれだけの学歴を持つ僧侶は少ないはずです。彰元が晩年まで学ぶ姿勢を持ち続けたことも、この学歴から見てもうなずけると思います。

日露戦争と大谷派

日清戦争で戦争協力の基礎を築いた大谷派は、戦後も軍隊布教使を養成するなど、戦争協力の準備を継続していました。

一九〇四（明治三七）年二月一〇日、日本はロシアに宣戦布告し、日露戦争が公式に始まります。これ以前、日本は二月四日に御前会議（天皇・政府首脳・軍首脳による国策決定の最高決定機関）があり、ロシアとの交渉を打ち切り、軍事行動に移ることを決議していました。六日には日露交渉決裂、八日には陸軍・海軍とも戦闘を開始したのです。

では、大谷派の戦争協力はいつから始められていたのでしょう。日本が戦争を決意したのが四日、戦闘開始が八日、宣戦布告が一〇日。常識的にはこれらの日付が戦争協力の開始となるはずと思います。しかし大谷派の戦争協力開始は、これ以前からのものでした。

一九〇四（明治三七）年一月二九日、大谷派副管長の大谷光演（「法主」現如の後継者。「法主」

就任後彰如を名乗る）は、陸軍各師団長（開戦当時の師団数は一四）と海軍鎮守府長官（四カ所）に慰問状を送っています。そこでは、「軍人名号《ぐんじんみょうごう》」が必要ならば寄贈いたします、そして「一朝有事ノ日ニ際会セハ必ス従軍布教使ヲ派遣シ」ます、と開戦前に戦争協力を確約しているのです。また、本山に設置した戦争協力のための専門部署「臨時奨義局」も、二月二日にその職制を発布しています。

以上の例でわかるように、大谷派の戦争協力は、決して国によって強制されたものではなく、日清戦争から戦後も続けられた戦争協力の成果を十分に発揮したものだったといえます。大谷派は「戦争協力させられた」のではなく、「戦争協力した」のです。いくつかの例を示してみましょう。

一　臨時奨義局…日清戦争でも設置。

二　軍人名号…小型の三折本尊。「南無阿弥陀仏」と記されている。軍人・兵士に無償で配布された。日清戦争でも配布。受け取った兵士は「お守り」と誤解したようである。

三　戦没者院号法名…戦死者に無償で下付された院号法名。院号とは、本来仏教・寺院に功績のあったものに授与されるもの。しかし大谷派は、「戦死」は仏教に対する「功績」として下附した。戦死を名誉とし、美化する役割を果たした。ただし、兵・下士

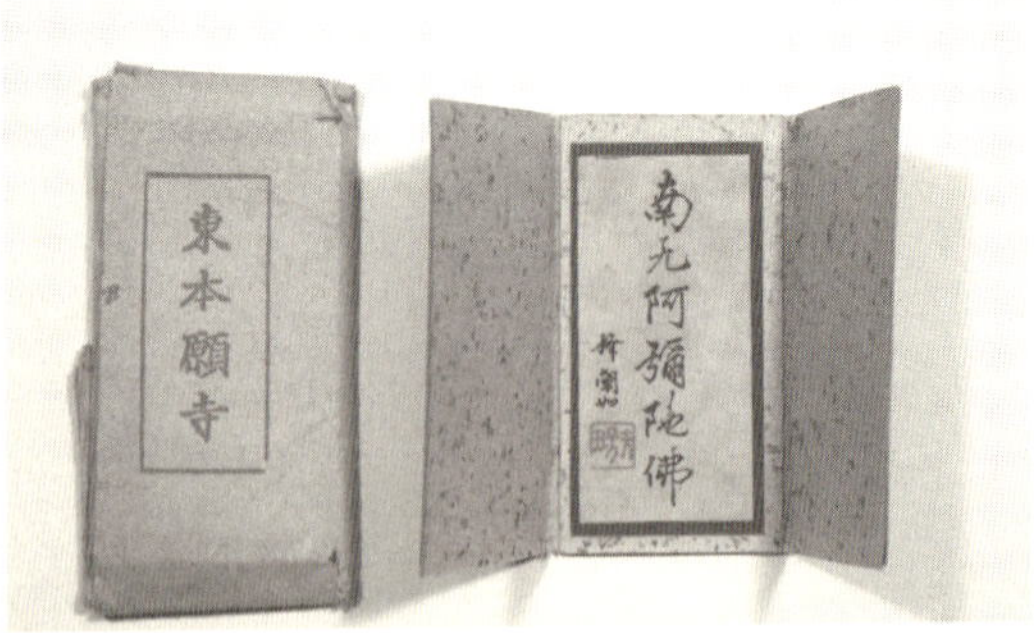

軍人名号（十五年戦争時のもの）

官には院号は下付されず法名のみであった。つまり戦死者は軍隊の階級で差別されていた。日清戦争でも下付。

四　戦争教学・戦争布教…日清戦争でも実施。
五　戦死者葬儀…日清戦争でも実施。
六　戦死者追弔法要…日清戦争でも実施
七　従軍僧侶の派遣…日清戦争でも実施。日清戦争一二名・日露戦争一四名。
八　捕虜収容…日清戦争でも実施。各地別院を捕虜収容所（軍事施設）とした。

以上のように、日露戦争の戦争協力の基礎は、日清戦争にありました。ただ、これらは兵士の動員数の増加、戦争布教本の種類と出版部数の増加など、なお一層の拡大をしていたのです。

本山の戦争協力の実態がこのようなものであったというこ

とは、当然一般の僧侶たちへも積極的な戦争協力が命じられていたのです。こんな時代に彰元は、一般の僧侶として自坊にいたのではなく、本山派遣の布教使として東京浅草別院・横浜支院で活動していたのです。彰元の立場や環境から見ても、戦争に対して批判的な態度をとるはずはありませんでした。

布教使としての活動

哲学館卒業後、彰元の一年間の行動は不明ですが、一九〇三（明治三六）年六月一五日、彰元は「教用に付き武蔵国出張」を本山より命じられました。履歴書によれば、主に東京浅草別院・横浜支院で布教活動に従事していたのです。日露戦争中、彰元は関東で生活・布教活動をしていました。

この仕事は、教導講習会の「五カ年間専ラ教務ニ従事スルノ責務ヲ有ス」という義務からきたものかもしれません。彰元は再び東京での生活を始めました。出張期間中の一九〇五（明治三八）年五月四日には、教師資格「律師」を授与されました。順調に大谷派僧侶として出世しているのです。

彰元は東京浅草別院で、月三回の「御文《おふみ》」＊の講話を定例としておこなっていました。この講話が五〇回を超えたのを記念して、一九〇五（明治三七）年一二月、『清涼の園』という小冊子を発行しています。講話参加者の強い要望によるものであったといいます。前述の漢詩も、この小冊子に掲載されていたものです。

彰元の履歴書によれば、約三年間東京に出張していたとあります。しかし、一九〇六（明治三九）年一月二〇日、河内国出張。二月一九日、加賀国出張。三月二二日、尾張国出張と、年頭から各地へ本山派遣の布教使として出張を重ねています。ならば年頭には東京から自坊に戻っていたとも考えられます。とすれば、東京での布教使生活は二年半程度となります。

この年は以後も、夏御文拝読使僧として岐阜竹鼻別院・難波別院・浅草別院へ。摂津・伊勢・越前・越中へも出張しています。

一九〇七（明治四〇）年には、和泉（二回）・近江（二回）・摂津・和泉・加賀・美濃へ出張。同年に彰元の堂班（僧侶の階級）は「院家《いんげ》六等」に昇格しています。

一九〇八（明治四一）年、天満・美濃。一九〇九（明治四二）年には越中に出張しています。これらは判明分だけであり、また本山派遣による各別院への出張のみです。自坊や各地の末寺での説教もあったことでしょう。彰元がいうには、年四か月、長いときは七か月も布教の旅に出ていたということです。これらの記録は彰元の活動のごく一部なのです。ただし、彰元が主に北陸・関西方面で活躍していたことは間違いないでしょう。

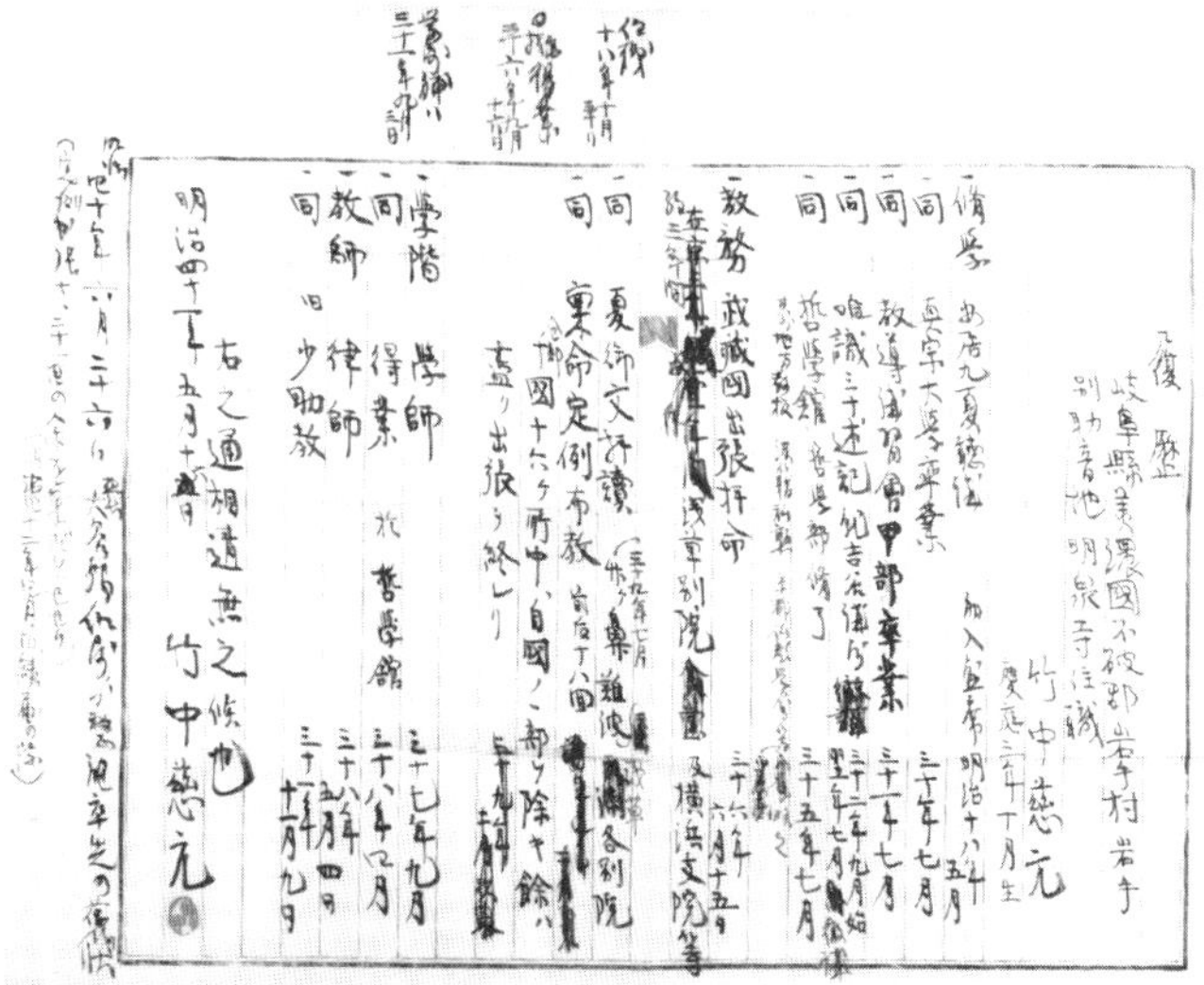

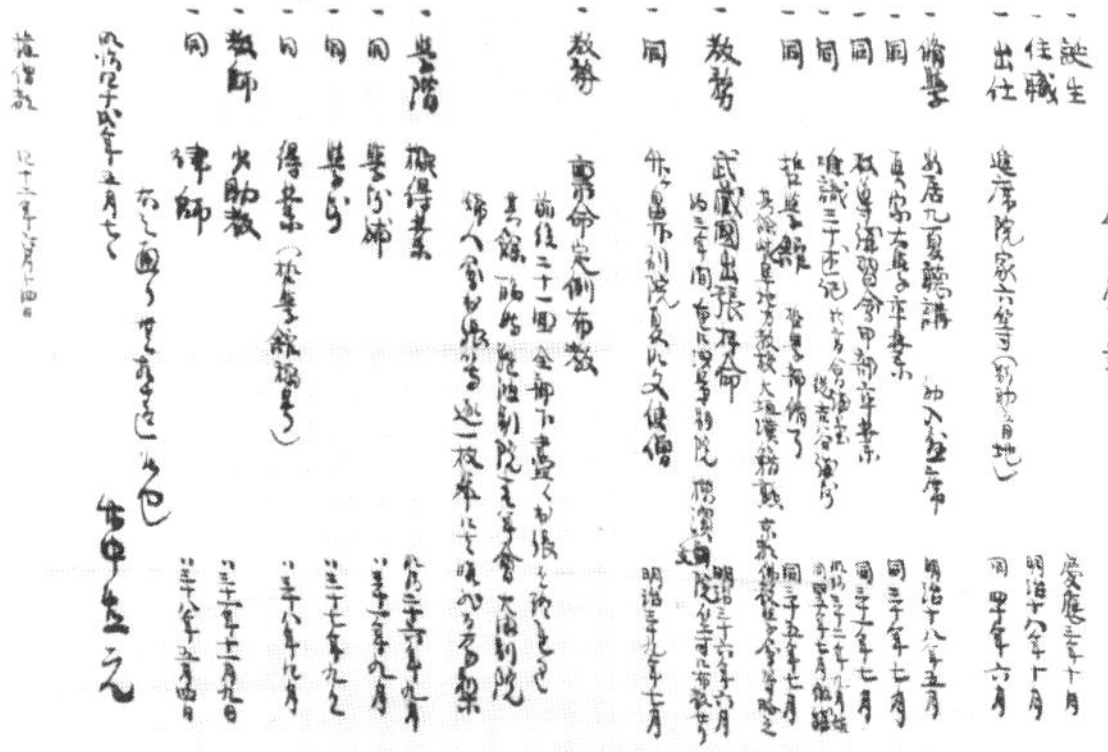

竹中彰元履歴２枚　1908（明治 41）年の日付のあるものと、1909（明治 42）年５月の日付のあるもの

＊室町時代の僧侶、本願寺第八代「法主」蓮如の作った文書。真宗の教えを人々にわかりやすく伝えるための説教。版木印刷されるなどして全国に広がり、各種法要で、僧侶が代読した。現在でもその伝統は続いている。八〇種類が五巻（正確には「巻」ではなく「帖」という）に編集されている。

明泉寺での暮らし

一九〇九（明治四二）年六月一四日、彰元は教師の位が「権僧都《ごんそうず》」となりました。この年、越中国に出張しましたが、のち数年間は出張の記録はありません。自坊での法務に専念していたということでしょうか。教導講習会卒業後の義務としての布教が一段落したということでしょうか。また、この頃自坊明泉寺の本堂新築の工事があり、そのことで各地に出張する暇がなかったのかもしれません。それとも東京に居住していたのでしょうか。空白が気になります。

一九一二（大正元）年七月一八日、後継者である甥の界雄に学師が授与されました。後継者も大谷大学を卒業し、一人前の僧侶となったのです。界雄も彰元同様、布教使の道を選んでいました。

界雄は、同年一〇月九日、第二回布教講習会講習を本山より命じられ、一九一五（大正四）年四月一九・二〇日には、本山で達如上人＊1五〇回忌法要の総会所伝道＊2をおこなっています。徐々に布教使としても活動し始めていたのです。彰元も一九一四（大正三）年から、再び本山命による出張を再開していました。住職と「若院」二人。ともに布教使として活動していたのです。

一九一七（大正六）年には、明泉寺寺格が「二等別助音地《べつじょいんち》」に昇格。そして、同年一二月二二日には「慈元」を「彰元」と改名しています。

彰元の「彰」は、当時の「法主」彰如より使用を許可されたものです。彰如が弟子である慈元に対し、何かの褒美《ほうび》として一字を下付したということです。その理由はわかりませんが、信雄さん（明泉寺前住職）は、「おじい（彰元のこと）は、ほとんど自慢話をしなかったが、改名の話だけは何度も聞かされた」と証言しています。戦前までの「法主」は「生き仏」のように崇《あが》められていました。幕末生まれの彰元も、「法主」に対してはきっと同じような感覚を持っていたことでしょう。この時代では、大変に名誉なことであったのです。

またまた推測ですが、一字下付の理由を想像します。それは、彰元の浅草別院勤務時代、彰如と交流があったのではないか、という想像です。彰如（雅号句仏）は俳画で有名な芸術家でもありました。彰元は漢詩の素養がある。芸術という共通点を持ち、師弟の階級を超え、なにがしかの交流があっても不思議ではないと思います。また浅草別院は大谷派の中でも有数の大きさを誇る別院でした（現在は他宗派）。彰如も年間何度も訪問していたことでしょう。

一九二三（大正一二）年二月二六日、彰元は布教使の階級「稟授《りんじゅ》一級」*3を与えられています。これ以前の布教使としての階級の進級時期は不明ですが、布教使としても本山から評価され続けていたことになります。

一九二四（大正一三）年、長らく明泉寺の「院代」を勤めていた義弟小野右門が死去しました。青年期の彰元の学びを支えていたのは小野右門でした。小野の死去が影響したのでしょうか、翌年一二月一日には住職を界雄へと譲っています。彰元五八歳。肩書きに執心する程度の人物ではなかったはずですが、まだまだ元気な頃に住職を退くのは何か理由があることと考えます。世話になった感謝の意味で、小野右門の子界雄に住職を譲ったのではないでしょうか。信雄さんは、「おじいは厳格でしたが、情は厚かった」と語っています。もしも小説として彰元を描くならば、この理由にしたいと思います。しかし、せっかくの話をつまらなくすることと思いますが、一九二五（大正一四）年は彰元が住職になり四〇周年の年。区切りの年として譲ったのかもしれないな、とも考えています。

信雄さんは、「界雄も他の家族も、おじいに対しては、ハハーっとひれ伏して、何でも言うことを聞かねばならなかった」と語ります。

明泉寺の一室、上座に座る彰元。かしこまって座っている界雄。「おい、住職を譲るぞ」と彰元。「はい、わかりました」と頭を下げる界雄。こんな場面が想像できて、なんだか楽しい気分にもなってきます。

彰元は、界雄のことを、「あれは信頼のできる男だ」と常々家族には語っていたそうです。どんな理由にせよ、信頼できる界雄に住職を譲ることができるのは、彰元にとって大きな喜びであったことは間違いないと思います。

一九二六（昭和元）年七月二五日には、彰元母、嘉乃死去。彰元・界雄は、これらの期間中も各地への出張を繰り返していました。世代交代の中、明泉寺の新しい生活形態が確立していたということでしょう。彰元の布教も順調で、一九二七（昭和二）年七月七日には布教使の階級が「親授三級」と上がっています。

一九二九（昭和四）年、本山東本願寺の報恩講＊4。一一月二七日、総会所の通夜伝道を彰元・界雄、親子二人そろって勤めています。同年一二月二七日にも、やはり本山総会所の通夜説教を二人そろって勤めています。甥であり自慢できる後継者である界雄と、同じ布教使として本山の布教の場に立つ。このころが彰元の生涯で最も穏やかな時代だったのではないでしょうか。

＊1 真宗大谷派第二〇代法主。
＊2 本山内にあり説教が行われる施設。
＊3 布教使階級。布教使の名称は一八八一（明治一四）年七月一六日に始まる。何度かの改訂があっ

たが、形が確定したのは一九〇四（明治三七）年七月二七日である。ここで「布教使」と「布教使補」が制定され、同時にその等級が制定された。布教使は、「特授」・「親授」（一～三級）・「稟授」（一～四級）。布教使補は「例授」（一～四級）の二等級であった。

＊4 報恩講　浄土真宗寺院の年間最大の法要。宗祖親鸞聖人の命日にあわせて勤める。

第一次世界大戦と彰元

一九一四（大正三）年七月二八日、ヨーロッパで第一次世界大戦が始まりました。同年八月二三日には、日本も連合国側で参戦しました。ただ、日本にとっては大規模な戦闘参加はありませんでした。日本軍が、中国大陸にあったドイツの権益である青島《チンタオ》を攻略すると、その後はたいした戦闘もなく戦争は終結に向かいます。

大谷派も、日本にとって大規模な戦争となるとは判断しませんでした。日清・日露戦争で本山に設置した「臨時奨義局」も置かれないままでした。ただし、一九一八（大正七）年八月二日、日本政府がロシア革命へ干渉するため、シベリアへの出兵を宣言すると、八月一九日に軍人・遺族慰問の事務をおこなう、臨時奨義局を設置するのです。戦局に応じて、戦争協力を的確におこなっていた大谷派の姿勢がわかります。

この第一次世界大戦でも、彰元の反戦への芽生えは確認できません。もっとも彰元の史料がほとんどない時期なので、確認のしようがないというのが正確ないい方でしょう。

ただ一点、大変気になる事実があります。それは彰元が「譴責《けんせき》」処分を大谷派から受けていることです。「譴責」というのは大谷派の罰則の中で最も軽微なものです。たとえば失火などでお寺が焼けた場合など、本人の罪ではなく管理責任が問題になるという程度のものでした。

この程度の罰則ですから、取るに足らないものとして無視することもできます。ただ、その時期が気になるのです。第一次世界大戦勃発の年、日本参戦から三か月後の一一月二〇日にこの処分が下されています。翌年四月一日には「譴責」は解除になっていることからも、大して意味のあるものではなかったかもしれませんが、気になる事実です。

「満州事変」と彰元

一九三一（昭和六）年九月一八日、中国東北部「奉天」（現・瀋陽）郊外で日本軍は柳条湖事件を起こし、「満州事変」が勃発しました。一九四五（昭和二〇）年まで続く侵略戦争、十五年戦争が開幕したのです。明治以来、国家協力・戦争協力を実践してきた真宗大谷派も事件勃発翌日から戦争協力を開始しています。

ところが彰元の生活には目立った変化はありませんでした。一九三二（昭和七）年四月一八日には、布教使の階級が「親授二級」に上がっています。また一九三三（昭和八）年の報恩講では、一一月二一日の総会所布教に始まり二八日の総会所布教まで、報恩講全期間中本山での布教に当たっていたのです。その回数は八回にわたり、主に「末燈鈔《まっとうしょう》（親鸞聖人の手紙を集めたもの）」を講じていました。

また布教使の中でも「示談係」（全体で二名）に任命されており、布教使の中でも統括者的な役割を担っていたのです。つまり彰元の生涯で、布教使として最も高く評価されていたのは「満州事変」下のことでした。

資料　報恩講記事『真宗』二八七　大谷派宗務所社会課　一九三四（昭和九）年一月五日　一四四頁参照。

この事実は、彰元は少なくとも外部に対して「反戦」の姿勢を示していなかったことを証明しています。本山で、しかも最も重要な法要である報恩講の布教使に、国家や教団の意に反する人物が任命されるはずはありません。

先に、日露戦争当時には一般的な大谷派僧侶であった、戦争を批判的に見ていなかったということを記しました。この時期、もちろん彰元の好戦的な言動を示す史料は存在しませんが、彰元の布教使としての活動を見る限り、「反戦」の芽生えも見て取れないのです。

ただ、信雄さんはこう証言します。一九三七（昭和一二）年春、大谷大学入学の際に「ぼう

（信雄さんは彰元から「ぼう＝坊」と呼ばれていた）。お前、戦争に行く覚悟はできているか」といわれたと。

彰元の言葉に対して信雄さんは、「私は一八歳でしたし、お寺を離れて京都で暮らすことをうれしく思っていただけの若造でした。戦争のことなど何にも考えていませんでした。こうおじいにいわれても、はぁ、と答えただけだったと思います」といいます。

そしてつけ加えて、「今思うと、おじいは長期戦となることを見越していたのではないか」と話してくれました。

第二章　反戦僧侶 竹中彰元

満州事変と大谷派

前述のように、彰元は一九三三（昭和八）年に本山で布教をしています。そこに反戦の姿勢は見られません。しかし、一九三七（昭和一二）年春、信雄さんに「兵隊に行く覚悟はあるか」と語っています。ここに変化が見られます。彰元はこの期間中に戦争を強く意識するようになっていたと考えられるのです。それは肯定的に意識する、という意味ではなく、戦争の時代への危機感を持ち始めたというべきでしょう。その理由は何か。大変気になるところです。

「満州事変」は一九三一（昭和六）年九月一八日に勃発します。しかし翌年三月一日、日本軍に占領された中国東北部に、日本の傀儡《かいらい》国家「満州国」が建国されると、戦争は一息つき、大規模な戦闘はおこなわれなくなりました。「戦争の中弛《だる》み」とでもいいましょうか、国内の戦時意識もさほどの昂揚を見せなくなっていました。

このような状況から、彰元の危機感が生み出されたとは考えにくいと思います。『大阪朝日新聞』を熟読していたという彰元。新聞を熟読していたということは、戦闘が小規模になっていたことにもいち早く気づいていたことでしょう。つまり、彰元が戦争を意識しなくなっていっても不思議ではないのです。

では、彰元の変化をどこに求めるか。その答えは大谷派の動きにあるのではないでしょうか。

「満州事変」勃発翌日、大谷派は戦争協力を始めます。中国東北部の「満鉄付属地」（日本の国策会社南満州鉄道株式会社が所有していた鉄道とその周辺地域。大連から長春までの鉄道沿線）にあった大谷派大連別院内「満州開教監督部」監督新田神量らの僧侶が、現地の日本軍慰問を本山から命令されます。二〇日には大量の「軍人名号」を「満州」まで空輸しています。すばやく、また積極的な戦争協力です。

ただし大谷派は、この戦争を大規模なものになるとは判断していませんでした。日清・日露・第一次世界大戦（シベリア干渉戦争）で設置した「臨時奨義局」を設置しなかったことからわかります。日露戦争では、開戦前から設置していたにもかかわらず、「満州事変」では、既存の組織でおこなえる範囲での戦争協力しか必要ないと判断していたのです。余談ですが、このころの大谷派の政治・社会状況に対する判断力はたいしたものだったと思います。的確な判断、としかいいようがないほどです。この後、戦闘が小規模になるにつれ、大谷派の直接的な戦争協力も小規模なものとなっていきました。

ところが大谷派は、戦争協力よりも「国のため」「天皇のため」を絶対とするための整備を始めます。つまり、真宗大谷派を完全に天皇・国家の教えに従う組織にするための動きをはじめるのです。若い頃、長期間にわたり大谷派の教育を受け続けた彰元。大谷派が、その頃から戦争協力をおこない、「国のため」「天皇のため」の組織であったことは承知していたはずですが、それをなお一層、急激に過激にまで変化させようとする本山の動きから、「戦争の時代」に対して強烈な危機感を持ったのではないでしょうか。

一九三六（昭和一一）年八月六日、一人の学者が大谷大学を追われます。学長の河野法雲です。その理由は、前年一一月五日に大谷派機関誌『真宗』に発表された論文「宗祖聖人の神祇観」*1が問題となったことでした。河野はこの論文で「假令《たとえ》、権社の神　例せば天照大神八幡神社の如きと雖《いえど》も、迹門《しゃくもん》の前には輪廻《りんね》の果報迷界の有情《うじょう》なれば、欣浄の徒何の必要ありて彼等に事《つかえ》んや、又垂迹《すいじゃく》の本意は、結縁の群類を願海に引入せん為なれば、弥陀一仏の本願に帰すれば事足れり」*2と書いたのです。大谷派は、これを天皇に対し不敬であると判断したようです。仏教徒が仏を拝み神を拝まないことは当たり前のことなのですが、この時代の大谷派は仏教徒も神（天皇）を拝むべきだとしていたのです。

大谷派本山は河野に善処を求めたといいます。ようするに学説を撤回せよということです。それに対し、河野は辞表を提出したのです。大谷派による学問への弾圧事件でした。またこの頃、河野は反戦言動めいたことも発言していたとの証言も残っています＊3。

河野は彰元と同じ岐阜県の僧侶。また年齢も同じでした。河野は一八九六（明治二九）年真宗大学卒業。彰元は一八九七（明治三〇）年の卒業。一年間は同じ大学に通っており、知り合いだった可能性が大きいと思います。河野に対する大谷派の弾圧。彰元が怒りを感じても不思議ではありません。

一九三六（昭和一一）年一〇月、大谷派本山の「法務局（儀式を担当する部署）」から通達が出ます。それは宗祖親鸞の伝記（『御伝鈔《ごでんしょう》』）の一節を「拝読禁止」とする、つまり「聖典削除」の通達でした。

『御伝鈔』は本山・別院・末寺、すべての寺院の報恩講で拝読されるものです。上下二巻あり、通して読めば一時間半はかかるでしょう。一人の僧侶が大声で読み上げ、集まった門徒に聞かせるのです。

この『御伝鈔』にある「主上臣下《しゅしょうしんか》、法に背《そむ》き義に違《い》し、忿《いかり》を成し怨《うらみ》を結ぶ」という部分が削除されました。これは、親鸞や法然らが弾圧されたことを記した親鸞の文です。『御伝鈔』

は親鸞の著作ではありませんが、親鸞著『教行信証』にまったくの同文があります。ゆえに親鸞の言葉といえるのです。その意味は、「天皇とその部下が仏法にそむき、正しいおこないに反し、怒りと怨みをつくりあげた」と、鎌倉時代に後鳥羽上皇が念仏を禁止し、法然・親鸞らを流罪にした弾圧に、厳しく抗議した内容なのです。

大谷派は、この一文が天皇を厳しく批判したものであることは承知していました。だからこそ「天皇のため」の組織になるために、この一文を拝読禁止としたのです。大谷派が、宗祖親鸞ではなく、天皇を選んだことを表明した瞬間でした。大谷派は宗祖にさえ弾圧を加えたのです。

この聖典削除は、真宗の各宗派の中でも大谷派が率先実行したものでした。浄土真宗本願寺派の聖典削除は一九四〇（昭和一五）年四月五日。他の真宗の八宗派は、同年六月に「削除しない」と取り決めています。削除した時期も別なら、削除した組織としなかった組織が存在することが、国や軍部の強制による削除ではなかったことを証明しています＊4。

また一九三六（昭和一一）年一二月一日、大谷派「法主」が明治神宮に参拝し、四日には靖国神社に参拝したのです。翌年一月八日には伊勢神宮へも参拝しています。大谷派が完全に国家神道に屈服した出来事でした。もちろんこの参拝も国家に強制されてのものではありません。

これら学問への弾圧、聖典削除と神社参拝こそが、彰元に戦争に対する大きな疑問を抱かせたのではないでしょうか。確実な根拠とはいえないのですが、後に反戦言動で逮捕された彰元は、取調べでこんなことも話しています。

一九三七（昭和一二）年八月二〇日、「岩手村大谷婦人会」（真宗大谷派の女性で組織された、大谷婦人法話会岩手村支部のこと）の法要で、「戦争ニ対スル祈祷祈願ハ真宗ノ仏教ノ上カラ見レバ其精神ニ背イテ居リハシナイカ」と説教をした、というのです。

これは彰元の反戦言動の一か月前の出来事です。「満州事変」後半から日中戦争勃発に移る時期、「真宗の精神に背く大谷派」に対する批判が芽生え始めていたと考えられるのです。

＊1　たとえ仏や菩薩が仮の姿として表れた神を祀る神社といえども（例えば天照大神＝大日如来八幡神社＝阿弥陀如来なども）、釈迦の救いの前では、迷いの世界の因果応報を受けている迷える存在でしかない。浄土を求める者が何の必要があり、彼らを信仰するのだろう。また仏が化身となって現れる本意は、縁を結んだ者を仏の願いの中に引き入れるためであるから、阿弥陀如来の願いだけを信じれば十分である。

＊2　『真宗』　大谷派宗務所社会課　一九三五（昭和一〇）年一一月五日

＊3　伊藤立教「仏教徒の『草の根』抵抗と受難」『戦時下の仏教』　中濃教篤編　国書刊行会　一九七七（昭和五二）年一月二〇日

＊4 『教団の歩み―真宗大谷派教団史』（真宗大谷派教師養成のための教科書編纂委員会編　真宗大谷派宗務所出版部発行）では、大谷派の「聖典削除」を一九四〇（昭和一五）年と誤って記述している。

日中全面戦争の始まり

一九三七（昭和一二）年七月七日、中国北平（北京）郊外の盧溝橋で日中の軍事衝突事件が勃発しました。戦闘は一時的で小規模なものであり、七月一一日には、中国側の謝罪・中国軍の盧溝橋周辺からの撤退・抗日団体の取り締まりを柱とした停戦協定が成立しました。事件が戦争に拡大することは避けられたのでした。

ところが同じ日、近衛文麿内閣は中国大陸への派兵を決定します。日本陸軍の中央には事件をきっかけに戦争拡大を計る強硬論者が存在していたのです。政府は戦争を「北支事変」と名づけ、七月二八日、中国華北で日本軍は総攻撃を開始します。停戦協定が結ばれたにもかかわらず、盧溝橋事件は戦争へと発展していったのです。

八月一三日、戦争は華北から華中へと拡大します。上海でも戦闘が始まったのです。ここで戦争は局地的なものではなく、中国全土へと拡大することになっていきました。九月二日、政府は「北支事変」を「支那事変」と改称します。

大谷派の戦争協力

戦争勃発と同時に、大谷派は戦争協力をはじめます。日清・日露・第一次世界大戦・「満州事変」の戦争協力の実践から、協力のためのノウハウは蓄積されており、すばやい戦争協力となりました。年表で見てみましょう。

「日中戦争勃発直後の大谷派」

一九三七（昭和一二）年

七月七日　盧溝橋事件勃発（日中戦争の発端）
七月八日　開教使伊藤勝隆、北支事変支那駐屯軍従軍布教を命じられる
七月九日　天津別院輪番以下在勤者一同、従軍を命じられる
七月九日　開教使首藤戒定、中国北支事変に付従軍布教を命じられる
七月一二日　文部次官、日中戦争勃発に際し宗教諸団体の銃後活動を督励する通牒を出す
七月一三日　開教使藤岡了淳、北支事変に付支那駐屯軍慰問を命じられる

七月一三日　布教使藤井静宣、中国北支事変に付慰問を命じられる
七月一四日　満州開教監督藤岡了淳、布教使藤井静宣を日本軍・居留民慰問のため特派
七月一五日　文相、宗教・教化団体代表者に挙国一致運動を要望

大谷派は盧溝橋事件の翌日、すでに戦争協力を開始しています。全面戦争に発展するという予測があったのかもしれません。また、その協力は国家・政府の命令や指示、要請があったからのことではありませんでした。政府の要請は七月一二日が最初なのです。いずれにせよ、大谷派が独自の判断で、また積極的に戦争協力していた事実は明らかなのです。

次に戦争勃発直後の大谷派の戦争協力をまとめた史料を見てみましょう。大谷派の活動が多岐にわたることが理解できると思います。

「支那事変と真宗大谷派の活動」より抜粋・追記
『真宗』大谷派宗務所社会課　一九三八（昭和一三）年一月五日

第一　本部編
①臨時奨義事務局設置

・政府、「宗教団体及び社会教育団体懇談会」で戦争協力を要請（七月一五日）
・宗務総長の戦争協力を命じる諭達（七月一七日）
・臨時奨義事務局（戦争協力事務所）本山に設置（七月二二日）
②同信報国運動委員会設置（九月九日。政府主導の国民精神総動員運動に呼応した大谷派の運動。大谷派が政府にただ従ったのではなく、独自性を持っていたことは注目される）
・思想統整運動
・銃後後援運動
③「法主」親言（「法主」の言葉）
・「時局に関する北海道教区全門末大会」（八月二日）
・天皇を訪問（八月七日）
・東京別院で親教（八月八日「法主」による説教）
・本山（東本願寺）で親言（九月一一日。同信報国運動について）

第二　現地編

①慰問使並従軍布教使特派（一）

・中国華北方面慰問使・従軍布教使　三三名（一九三七年一〇月末まで）
②慰問使並従軍布教使特派（二）
・中国上海方面慰問使・従軍布教使　七名（一九三七年一〇月末まで）
③管長代理一行の渡支
・管長（「法主」）代理三名の中国上海方面慰問
④現地（中国）別院並布教所の戦争協力活動
・天津別院（華北）
・上海別院（華中）
・青島別院（華北）
・芝罘布教所（華北）
・淄川布教所（華北）
・済南布教所（華北）
・厦門布教所（華南）
・大連別院（満州国）
・台湾別院（台湾）

大谷派従軍僧侶たち（北京）
『東本願寺グラフ　第２輯』
真宗大谷派宗務所社会課
1937（昭和 12）年 12 月 5 日

第三　内地編

①門信徒応召者への待遇

・応召者に対し「軍人名号」下付
・傷病者に対し見舞い
・戦死者に対し、下士官・兵隊には「法名」・士官には「院号法名」を下付。（同じ戦死者でも、軍隊の階級の違いにより差別した）
・応召者家族に対し、裏方（「法主」夫人）慰問色紙贈呈
・時局パンフレットの発行（一般向け二種・応召者とその家族向け・傷病兵向け・遺族向け）

②門末総動員

・思想統制運動（時局講演会など各種大会の開催）
・銃後後援運動（軍器献納運動）
・銃後後援運動（日本軍への防寒靴下献納運動）
・銃後後援運動（日本軍への鉄兜献納運動・皇軍慰問画文送付運動）

大谷派発行のパンフレット
『事変下に憶ふ』
真宗大谷派宗務所社会課
1938（昭和13）年７月７日

・同信報国運動趣意書・『真宗』号外発行
③裏方の率先示範
・日本軍への防寒靴下献納運動
・陸海軍病院慰問
④本山の活動
・東本願寺境内に応召者接待所開設
・京都駅での日本軍歓送・慰問・見舞・弔問（大谷派婦人法話会、大谷和洋裁縫女学校生徒の参加）
・国民精神総動員協調週間の活動（報国法要・皇居遥拝式）

以上ごく簡単に大谷派の戦争協力を紹介しました。彰元の所属していた組織はこのようなものだったのです。仏教・真宗の組織ではなく、あくまで国家の価値観だけで行動していた組織であることがわかります。しかし彰元は、このような教団の指示に流されることはなかったのです。

彰元の反戦言動は、完全に真宗大谷派という組織を裏切るものだったといわざるを得ません。彰元は、国家・政府に従わず、大谷派にも従わず、たった一人仏教・真宗の教えに従っていたのです。

一九三七年九月一五日

一九三七（昭和一二）年七月七日、盧溝橋事件をきっかけに、日本は大規模な軍隊を中国に派兵しました。そのため中国東北部への侵略戦争「満州事変」は、中国華北・華中へ拡大し、日中全面戦争へと拡大しました。日本は兵力増強のため、各地で若者を召集（徴兵）し始めました。彰元の地元、岩手村も例外ではありません。若者が召集を受け始めたのです。

一九三七（昭和一二）年九月一五日、岩手村では日中戦争が始まって二回目の動員（兵隊として召集されること）がありました。彰元は村の一員として、出征兵士や村人とともに国鉄垂井駅まで五〇〇名の行列を組んで歩いていました。当時は、出征を名誉として、近在の人々で盛大に見送るのがあたりまえだったのです。

その時の出来事です。彰元は、村の在郷軍人（日本軍を除隊した者。在郷軍人会に属し、軍隊後援活動をおこなっていた）に対し、戦争に反対する言葉を話し始めました。

「戦争は罪悪であると同時に人類に対する敵であるから止めたがよい。北支の方も上海の方も今占領して居る部分だけで止めた方がよい。決して国家として戦争は得なものではない。非常に損ばかりである。今度の予算を見給《たま》へ非常に膨大なもので二十億四千万円と言ふものは此《こ》の出征軍人が多数応召して銃後の産業に打撃を被り、其《そ》の上に徒《いたず》らに人馬を殺傷する意味に於て殺人的な予算だ。戦争は此の意味から言つても止めた方が国家として賢明であると考へる」(『特高外事月報　昭和一二年一二月分』内務省警保局)

岩手村男女青年団宿泊鍛錬講習会の記念写真に収まる彰元。昭和初期と思われる

別の史料にはこうあります。

「戦争ト云《い》フ事モ昨日モ千人今日モ三千人ト云フ様ニ、沢山ナ死傷ガアツテ悲惨ナコトタ。一体戦争ハ罪悪テアル。北支ノ方モ上海ノ方モ占領シタリ陥落サセタリシタ所テ、直チニ日本ノ所有ニナルモノテハナイ。国家ハ莫大ナ費用ヲ空費シ損テアル。戦争ハモウ此《こ》ノ辺テ止メタ方カ、国家トシテ賢明テアル。」(『予審終結決定』)

彰元が話しかけたのは、一人の在郷軍人相手でした。しかし行列を組んでいる中

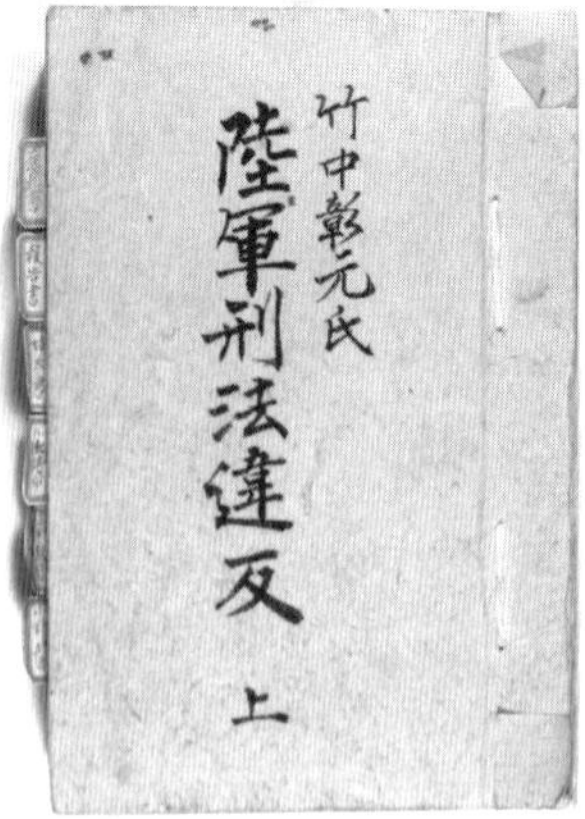

『竹中彰元氏　陸軍刑法違反　上』

での出来事です。近くを歩いていた数名の人が、彰元の言葉を聞きつけました。

彼らは、恐怖を感じるほど驚いたのではないでしょうか。一か月前の八月一五日、近衛文麿内閣は、中国の断固膺懲を声明しています。「暴戻《ぼうれい》支那《しな》膺懲《ようちょう》」、暴れ者の中国を懲《こ》らしめると声明し、日本の戦争は正義のものであると表明していたのです。人々も戦争熱に巻き込まれていました。中国各地での日本軍の勝利の報道に熱狂していました。戦争は「聖戦」として美化・宣伝されていたのです。

そんな社会状況の中での彰元の発言。ましてや村人による戦争協力・軍隊支持活動、つまり出征する若者激励の行事のただ中での発言でした。聞きつけた人々が、一瞬言葉を失った状況が思い浮かべられます。人々の発言への対応は、何秒か経過した後のことだったでしょう。

『特高外事月報　昭和一二年一二月分』にはこんなふうに書かれています。「不謹慎を痛罵《つうば》難詰《なんきつ》」（罵倒し、厳しく問い詰めた）されたというのです。「痛罵難詰」した一人は、「支那ノ過去ヲ考ヘテ見レバ、抗日、排日、侮日《ぶにち》トマデ来テハ断ジテ容赦ハ出来マセヌ。コノ際ノ事変ハ平和ヲ念願スル為ノ戦デス」(『竹中彰元氏　陸軍刑法違反　上』『同　下』)と返事したと証言しています。事実はもっと厳しい言葉だったと考えられます。なおも「痛罵難詰」は続いていたようです。また「痛罵難詰」を続けようとしたようです。これは彰元が所用で垂井郵便局へ入るまで続きました。証人は、彰元は郵便局に逃げた、とまで語っています。

一九三七年一〇月一〇日

九月一五日、村の人々に対して反戦言動をおこない「痛罵難詰」された竹中彰元。しかし彼は少しも反省するところはありませんでした。この事件から一か月もたたない一〇月一〇日、今度は近くの寺院で、前住職の年忌法要の際、六人の僧侶たちに語りかけています。

「此《こ》の度の事変に就《つい》て他人は如何考へるか知らぬが自分は侵略の様に考へる、徒《いたず》らに彼我《ひが》の生命を奪ひ莫大な予算を費《つか》ひ人馬の命を奪うことは大乗的立場から見ても宜しくない、戦争は最大な罪悪だ、保定や天津を取つてどれだけの利益があるか、もう此処《ここ》らで戦争は止めたがよからう」(『特高外事月報　昭和一二年一一月分』内務省警保局)

ここでも別の史料も見てみましょう。

「時ニ今度ノ事変ニ付テ各自ノ決心ヲ定メネバナラヌガ、自分ハ戦争ハ沢山ナ彼我《ひが》ノ人命ヲ損シ、悲惨ノ極ミテアリ罪悪テアルト思フ。今度ノ予算モ厖《ぼう》大ナモノテアル。保定ヤ天津ヲ奪ツテ何《ど》レタケノ利益カアルカ。戦争ハモウコヽラテ止メタ方カヨイ。之《これ》以上ノ戦争ハ侵略タ。」（『予審終結決定』）

前回の発言では、村の人々が「恐怖を感じるほど驚いた」のではないか、と書きました。今度の発言では僧侶たちが前回以上に驚き、恐怖を感じたことと想像します。僧侶たちの何人かは、九月一五日の事件を聞き及んでいました。「痛罵難詰」の事実も知っていたはずです。だから、まさか再び反戦言動を繰り返すとは、驚愕する以上の衝撃だったと思います。

その衝撃は僧侶たちに冷静さをもたらしました。今度は「痛罵難詰」がなかったのです。「ムッとした」僧侶が、日本は侵略国ではない、私も東洋平和のための大局的見地から聖戦を望んでいるのだ、と反論したこと。他の僧侶が、そんなことは警察か陸軍へ行っていいなさい、と皮肉をいったこと。そして、戦争が三年・五年と長引くかもしれないから、そんなことはいわないほうがいい、と忠告があったこと。

拍子抜けするほど落ち着いた情景です。彰元の発言は「ムッとする」程度のものではなかったはずです。人間とは、許容以上の衝撃を受けた場合、逆に落ち着いてしまうことがあるのかもしれません。

二つの史料

彰元の反戦言動について、二つの史料を二つずつに分割して紹介しました。一つは『特高外事月報』、もう一つは岐阜地方裁判所『予審終結決定』です。これらの史料は著述者が違います。『特高外事月報』は内務省警保局、『予審終結決定』は裁判所がまとめたものという違いがあります。警察と司法の違いです。見比べれば、言動の内容の違いに気づくことでしょう。

しかし、見比べてほしいのは違いではありません。二つの史料の共通点を探してほしいのです。そして、どちらの史料でもかまわないのですが。彰元による九月と一〇月の発言には、大きな違いがあるということに気づいてほしいのです。この違った史料の共通点。それぞれの史料に記録された九月と一〇月の発言の違い。ここに彰元の戦争に対する姿勢が、はっきりと示されていると考えています。

二つ史料の共通点

ここではわかりやすいように箇条書きにしてみましょう。

共通点① 戦争は罪悪である。（九月発言の対比）
共通点② 戦争は損である。（九月発言の対比）
共通点③ 彼我（敵見方）の命を奪う（一〇月発言の対比）
共通点④ 戦争しても利益はない（一〇月発言の対比）
共通点⑤ 侵略（一〇月発言の対比）

以上五点の共通点が見出されます。

そしてそれぞれの共通点に反対する、大谷派僧侶の主張も紹介していきましょう。その僧侶は暁烏敏《あけがらすはや》。彰元より一〇歳ほど若いのですが、ほぼ同時期に真宗大学に在籍したこと。布教使として活躍していたこと。彰元の反戦言動とほぼ同時期の戦争布教の記録*がのこっている

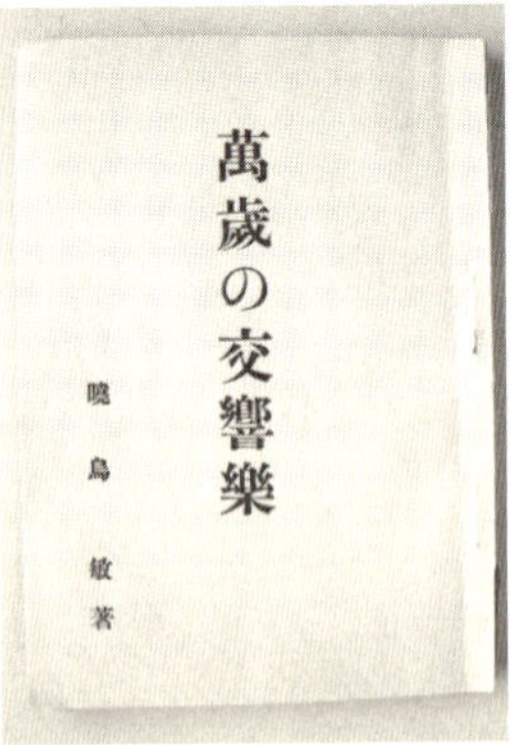

暁烏敏『万歳の交響楽』

こと。以上の理由から、紹介することにしました。

＊暁烏敏「時局に対する我等の覚悟」一九三七（昭和一二）年八月二三日。『万歳の交響楽』香草舎一九三七（昭和一二）年一二月二八日より。

共通点① 戦争は罪悪

戦争は罪悪である。彰元にとってその根拠は仏教と考えます。一般論として言っている訳ではないのです。

当時の日本政府は、日中戦争は戦争ではなく「事変」と呼称しました。戦争というほど大規模なものではない、ということです。勃発直後は「北支事変」、その後「支那事変」と正式に名称を決定しています。もちろん「事変」と呼称したのは、戦争の大義名分がないこと。そして戦争状態になれば、諸外国から戦略物資を輸入できなくなるから、という理由によるものでした。

しかし彰元は「事変」でなく「戦争」と発言しています。「事変」の事実を見つめた結果、「戦争」と判断しているのです。もちろん、「事変」ではなく、「戦争」と見ていた人は、決して少なくなかったはずです。暁烏敏も「事変」ではなく「戦争」だ、と主張していました。そして「戦場に行く人を菩薩の行を行ずる人である」と賛辞を与えているのです。

当時の人々は「事変」を「聖戦」ととらえていました。「聖戦」を「罪悪」ととらえることは、日本社会の常識としてはありえないものだったのです。ところが彰元は、「事変」ではなく、「聖戦」でもなく、「戦争」ととらえ、それを「罪悪」と主張しているのです。

ここから考えるのは、「不殺生」という教え、「慈悲」という教えを持つ仏教の影響ということです。発言だけを見れば、「仏教の思想」による反戦、とはいい過ぎかもしれません。しかし、当時の社会状況を加味して考えれば納得できると思います。

共通点②　戦争は損

彰元が人々に語る時、「損得」を繰り返し述べています。これは少々不思議なことです。「損得」とは世間の価値観で、仏教は「出世間」といい、世間の価値観とは違います。むしろ、世間の価値観を劣ったものとして軽蔑しているはずなのです。だから僧侶が「損得」を語れば、軽蔑の対象となっても不思議はないのです。

ところが彰元は「損得」を語ります。彼は発言を、庶民レベルに落としたのです。これは、人々に伝わるように、という配慮ではないでしょうか。少し時期がずれますが、こんな史料があります。

江口圭一著『昭和の歴史　四　十五年戦争の開幕』（小学館・一九八二（昭和五七）年八月一五日）に紹介されている史料です。これは一九三一（昭和六）年九月一八日の「満州事変」勃発二日後の『神戸新聞』の記事です。

「車夫（海岸通り）一体から幣原《しではら》があかんよって支那人になめられるんや。向ふからしかけたんやよって満州全体、いや支那全体占領したらええ。そしたら日本も金持ちになって俺らも助かるんや」

「料理屋女将（花隈）これで景気が良くなりますと何よりです」

人々の戦争肯定の理由の中に、「戦争は儲《もう》かる」という意識があったことがわかります。

彰元が主張した「損得」。一般論として、庶民は損得を重視することには異論はないと思います。ただ、戦争勃発直後の事実としても、庶民の中には「聖戦」意識だけでなく、「損得」感情があったようです。とすれば、仏教用語を駆使しての反戦言動に加え、彰元は「損得」で反戦言動することとの影響力・効果を考えていたと判断します。

庶民レベルでの反戦言動は、「伝える」ことよりも「伝わる」ことへの努力の結果だと考えます。ベテラン布教使としての彰元は、僧侶としての自分自身の評価が下がることを無視してまでも、反戦を伝えたかったという彼の意識が表れています。

共通点③　彼我の命

九月一五日の発言では「人馬を殺傷」・「沢山な死傷」という表現で命の尊さを主張しています。しかしここからは、日本兵の命だけを尊んでいるのか、中国人の命も尊んでいるのかまではわかりません。いわゆる同情というレベルでの発言だろうと考えます。

彰元は尋問で、なぜ反戦言動をしたのかという質問に対して、明泉寺門徒役員の息子、児玉憲二が出征したことがきっかけだ、と答えています。一人の村人として、旧知の若者の命を心配したのです。このことから、どちらかというと日本人兵士の命を心配しての発言だったのでしょう。

しかし一〇月一〇日、彼ははっきりと、「彼我の生命」を奪う、と主張しています。つまり、日本人の命だけでなく、中国人の命も尊重しているのです。こんな時代に「平等」を主張しているのです。彰元の発言は一か月の間に、より深まっていたのです。いや、より浄土真宗に近づいたといったほうがいいでしょう。

日本の戦争は「聖戦」といわれました。日本が「聖」ならば、中国は「俗」。いや、それ以下と決め付けられていました。一九三七（昭和一二）年八月一五日の内閣総理大臣近衛文麿の声明では「暴戻支那《ぼうれいしな》膺懲《ようちょう》」（あらあらしく道理にもとる中国を征伐して懲らしめること）を「聖戦」の大義名分としています。中国人は道理にもとると断定しているのです。

また、一九三〇（昭和五）年一〇月二九日、閣議で中国の正式名称を「支那」から「中華民国」に変更と決定しているにもかかわらず、「支那」と呼称しています。いずれにせよ、日本の政府は中国を蔑視していました。

日本の民衆や僧侶も同様でした。日清戦争以来、中国人蔑視は深く浸透していたのです。加えて敵国という状況も加わりました。

暁烏敏は、「文明人は這《は》入《い》らうとする。未開人は入れまいとする」と、日本人を「文明人」、中国人を「未開人」と表現しています。また大谷派の従軍僧侶真島《まじま》如亀雄《ゆきお》は「死を鴻毛《こうもう》より軽く考へてゐればこそ、決死的戦争も出来るので、これはチャンコロにはなく、こんな場面に遭遇でもしようものなら、死ぬ事なら御免だ逃げるのですから全くお話にならない」＊と、「チャンコロ」という差別・蔑視の言葉を使い、中国人を馬鹿にしています。

こんな政府・こんな時代・こんな大谷派の中で、彰元は「四海兄弟」・「怨親平等」との真宗教えの通り、敵味方の区別なく平等を主張したのです。平等にいのちを尊んだのです。

＊『文化時報』一九三八（昭和一三）年一月一九日、『教化研究』第一二四／一二五号　真宗大谷派教学研究所編　真宗大谷派宗務所　二〇〇一（平成一三）年六月三〇日より。

共通点④　戦争しても利益はない

彰元は、九月一五日に続いて一〇月一〇日でも「損得」を語っています。それも、今度は僧侶を相手にしての発言です。先に私は、それを「庶民レベルに落とした」と表現しました。下手な表現ですから「お坊さんは上の人、庶民は下の人」と受け取られたかもしれません。しかし、そうではありません。僧侶も「損得」で戦争に関わっていた一員です。僧侶も庶民の一員なのです。七〇歳になる彰元は、僧侶たちが「出世間」で生きているわけではないことは、熟知していたことでしょう。それゆえに「損得」からの反戦言動を加えているのです。

証拠を二つあげてみます。戦争布教を繰り広げた暁烏敏。しかし、彼は一度だけ日本国家の政策にたてついています。それは自坊明達寺の梵鐘供出に対してのことでした。

一九四二（昭和一七）年五月九日、金属回収令により寺院の梵鐘・仏具が強制回収されることになりました。僧侶にとっては大変「損」な話です。それまで戦争布教で活躍していた暁烏は、地域有力者に嘆願することで自坊の梵鐘を守ろうとしました。その甲斐あって、二つある梵鐘のうち一つは回収されなかったのです。

戦争布教の第一人者といわれる僧侶も、「損」を意識すると抵抗者（合法的）へと変貌したのです。彰元が僧侶に語った「利益はない」という言葉。仏教の教えから反戦を語るよりも、もっと説得力があるということを、彰元は経験上知っていたと考えられます。

もう一つは「戦死者公葬」問題です。当時、戦死者は「英霊」と呼ばれました。だからその公葬（市町村単位での葬儀）は神道がおこなうべき、との風潮が強くなってきたのです。この風潮に対する僧侶たちの反発は大変強いものがありました。「仏教布教」はしなくても、「戦争布教」をすることで謝礼は手にできます。しかし葬儀が神式でおこなわれれば、お布施は神主の手に渡り、自分たちの収入は確実に減少するのです。信仰の変化には反応しなかった僧侶も、儀式の変化には敏感でした。「損得」は、僧侶を反国家・反社会的にもしていたのです。

共通点⑤　侵略

九月一五日には、「戦争は罪悪」と一般論を語っていました。もちろん一般論であるといっても、戦争中という状況を考えれば、十分な仏教からの抵抗と評価できます。しかし彰元は九月一五日以後も学び続け、反戦思想をより深めているのです。一般論や感情で戦争を見つめるのではなく、今度は科学的に戦争を分析しています。
一〇月一〇日の発言で、彼は日中戦争を「侵略」と断定したのです。「暴戻支那膺懲」の「聖戦」と規定されていた時代、人々が戦争支持熱を高揚させていた時代であるにもかかわらず。

ここでも暁烏敏の布教を見てみましょう。暁烏は、「領土的野望を持たない日本は、どこまでも日支親善を望んでやまないのである。支那政府は満州国の建国を日本の野心の結果だというてをる。それは間違いである」と、日本側にまったく非がないと主張しているのです。彰元はこんな時代に、日本の戦争を完全に否定する言葉を使用したのです。

ただ、「侵略」については、二つの史料で少し違いがあるともいえます。『特高外事月報』では、明確に「侵略」と言い切っています。ところが『予審終結決定』では「コレ以上ノ戦争ハ侵略タ」となっています。つまり、「今までも侵略」ということと、「これからは侵略」という違いが見えるのです。

しかし、この予審終結の時点での事実を見ると、この違いは、たいした違いではないと考えられます。理由は、一〇月一〇日以後、「これ以上の戦争」が続いていたからです。予審決定は一九三七（昭和一二）年の一二月一三日。少なくともこの段階で、「これ以上の戦争」、つまり「侵略」が二か月続けられていることになります。裁判官にとって、当時の人々にとって、

「今まで」と「これ以上」の違いは、現実的にはなかったといえます。

一二月一三日は「南京陥落」の日です。いや、日本では一二月一一日、すでに「南京陥落」の大誤報が新聞・ラジオをにぎわせていました。南京陥落という「これ以上の戦争」があったことは、裁判官が知らないはずはありません。

別のいい方もしてみましょう。彰元が反戦言動をする以前の八月一五日、日本海軍は中国の首都南京への無差別都市爆撃を開始しています。もちろん、この頃南京では地上戦は行われていません。彰元はこの事実から戦争の拡大を読み取っていたのかもしれません。いや、反戦言動を聞いた僧侶でさえ、戦争が長引くかもしれないから反戦的なことはいわないほうがいい、と彰元にいっているのです。

一〇月一〇日の時点では、多くの人々が「これ以上の戦争」を予感していたといえるのですから、「今までも」にせよ「これ以上」にせよ、たいした問題ではなく、「侵略」という言葉を用いたことが重要といえます。

反戦言動のきっかけと原因

彰元が、なぜこれほど明確な反戦言動をおこなったのか。それには二つのきっかけがありました。

九月一五日の反戦言動のきっかけは、明泉寺門徒総代の息子、児玉憲二が翌日に出征する予定だったことです。門徒総代の息子ということは、彰元は、児玉が幼少の頃よりよく知っていたのでしょう。児玉の身を案じる気持ちがきっかけと、彰元は証言しています。

岩手村在住で召集された若者は、第九師団第一九連隊に配属されました。この部隊は、上海に上陸し、その後南京攻略戦へと進んでいきました。激しい戦闘をおこなった部隊です。そして南京大虐殺を引き起こした「南京掃討戦」にも参加しています。

ちなみに児玉は無事戦場から帰還しました。彰元の心配が現実とならなかったことは、幸いなことだったと思います。

一〇月一〇日の「侵略」発言にもきっかけがあったと考えられます。それは一九三七（昭和一二）年一〇月五日、米大統領ルーズベルトが、シカゴで日独侵略国家を非難する「隔離演説」をおこなったという事実です。

彰元が読んでいた『大阪朝日新聞』一〇月七日夕刊には、この「隔離演説」が報道されています。もちろん新聞の論調はルーズベルトを批判したものなのですが、この発言を読んだ彰元は、肯定的に受け止めたのでしょう。彰元は、日本国民・大谷派僧侶として主観的に戦争を「聖戦」ととらえたのではなく、ルーズベルト発言をきっかけに、日中戦争を科学的に認識し、

「侵略」と判断したのです。

彰元は、「村のおじいさん」という視点で戦争を見つめました。児玉への心配がそれを証明しています。当時の村人は、やはり若者の命を心配する気持ちを持っていたと思います。そして「侵略」と判断したということは、国際的・世界的な視野から戦争を見つめたということです。「村」と「世界」、この極端に違う両方の視点をあわせ持つことで、反戦行動を可能としたのでしょう。

そして、もう一つ肝心なことがあります。それは「大日本帝国」と「真宗大谷派」という二つの価値観を無視していることです。身近な「村」と遠い「世界」を見つめ、そしてその中間にあるはずの「大日本帝国」と「真宗大谷派」を無視する。

二つを受け入れ、二つを無視する。これに真宗の教えに誠実であろうという姿勢が加わることで、彰元は反戦言動を実践したのでした。戦争協力をしていた僧侶たちは、「大日本帝国」と「真宗大谷派」を無視しなかった人たちなのです。大谷派僧侶と彰元のもっとも大きな違いは、このあたりにあるようです。

三回目の反戦言動

罪には問われることはありませんでしたが、彰元は三回目の反戦言動をしています。それは一〇月二一日のことでした（一〇月一六日、または一七日にも同様な発言があったという証言もある）。今度も近在のお寺での法要の時でした。一〇月一〇日の発言を聞いていた僧侶たちが参集した寺での出来事です。ある僧侶が反戦言動の撤回を求めます。悪意もあったのでしょうが、好意とも受け取れる撤回要請だと思います。しかし彰元の返事は、僧侶たちの感情を逆なでするものでした。

僧侶たちは彰元に対し、「警察カラ連絡ハナカッタカ」と問います。彰元の返事は「ナイ」。次に僧侶たちは反戦言動の撤回を求めます。彰元は「言論ハ自由ダカラ憲兵ヤ特高課カラ来ヨーガ何トモナイ、自分ノ云ッタ事ニ付イテハ少シモ恐レハセヌ」と反論したのです。一人の僧侶が激昂します。彰元の着物の襟をつかみ数回ゆさぶります。慌てた他の僧侶が間に入り、それ以上の暴力はおこなわれませんでした。

彰元三度目の反戦言動です。「言論の自由」という発言は合法的です。警察や裁判所は問題にはしませんでした。しかしこれは、反戦言動の撤回を求めたものに対する返事です。彰元にとって、相手になっている僧侶にとっては、反戦言動以外の何物でもありませんでした。「僧侶」という立場に立つ者と「国民」という立場に立つ者が鋭く対立した場面でした。「真宗」の教えと「大谷派」の教えが正面からぶつかった場面でした。仏教・真宗に忠実な彰元の言った「言論の自由」という返事は、相手の言葉をまっこうから否定する言葉です。それに対し国家・大谷派に忠実な僧侶は、もはや反論はなく、暴力を振るうことでしか反応できなかったということです。

頑固じじい、彰元の本領が発揮された発言でした。

逮捕、そして有罪へ

二つの発言により、彰元は逮捕されました。ここで確認しておかなければならないことは、九月一五日の発言では逮捕されなかったという事実です。なぜか。それは九月一五日の発言を聞いた人々は、役場・警察に届けなかったからです。

発言を聞いた人々は、激昂しました。彰元を「ヤッツケテヤル」とまでいっています。しかし密告したりはしなかったのです。つまり、結果として彰元を守っていたことになります。これは大変消極的な意味ですが、村人たちも戦争に抵抗していたことになります。彰元との対立を、個人的なものとしてしまい、公的な権力を利用しようとはしませんでした。村人の彰元に対する姿勢がわかります。たとえ罵倒《ばとう》しようとも、村の仲間、または「お坊様」として彰元を見ていたのでしょう。

ところが一〇月一〇日の発言は、そうはいきませんでした。村人ではなく、僧侶に対しての発言だったからです。僧侶たちは、九月一五日の発言をうわさ程度には知っていました。それに加え、一〇月一〇日に自分の目の前で反戦言動がおこなわれたのです。翌日一一日、一人の僧侶が彰元の反戦言動を岩手村役場に届けます。その翌日一二日、もう一人の僧侶が、岩手村助役に届けたのです。

ここに村人と大谷派僧侶との違いがはっきりします。村人は、村の安定・無事を意識してか、役場に届けることはしませんでした。田舎の人らしい判断でしょう。

しかし僧侶は村人の感覚ではなく、大谷派の感覚、つまり戦争協力の指導者という自覚を持っていたのです。その指導者意識は、反戦言動を許してはおきませんでした。村役場、つまり国家権力への協力として、彰元の反戦言動を通報したのです。大谷派の戦争協力の姿勢は、末端の僧侶たちにもいき渡っていました。村人ではなく国民。僧侶でもなく国民。国家に忠実なものこそが、僧侶の鑑《かがみ》だったということです。

一〇月二六日、彰元は地元垂井警察署に逮捕されます。この日から村人や僧侶からの証言集めが始まっています。彰元の聴取も二七日から始まりました。彰元は一か月ほど警察署に留置され、取り調べを受けたのです。

この頃、留置されている彰元のもとに妹の多喜さんが面会に来ます。差し入れの用もあったのでしょう。多喜さんは「家族も迷惑している。どうか発言を取り下げてほしい」と懇願します。田舎の村のこと、ましてやお坊さんが逮捕されたということは大騒動だったでしょう。しかも逮捕理由が反戦。家族までも「非国民」と見られる時代です。多喜さんもさぞつらかったことでしょう。

ところが彰元はこういい放ちました。「何をいうか。わしは自分の得手勝手をいうとるんじゃない。仏法を語ったのじゃ。間違ったことはいっていない」と。多喜さんは彰元の妹です。彰元の頑固さは誰よりも知っていました。おそらく、黙って帰るしかなかったでしょう。彰元の正しさはよく理解しているつもりです。ただ多喜さんの姿を思い浮かべると、切なく苦しい気持ちになってきてしまいます。

一〇月三一日、彰元は陸軍刑法第九九条（造言飛語罪）違反として、岐阜地方裁判所検事局に送致されます。そして一一月一三日、起訴予審*1に付されるのです。

一二月一三日、予審が終結します。結果は、岐阜地方裁判所で裁判がおこなわれることが決定したのでした。陸軍刑法第二条・第九九条、刑法第五五条に該当する犯罪とされたのでした。

量刑は確定していないので有罪判決ではないのですが、このころ地方裁判所送りになったと

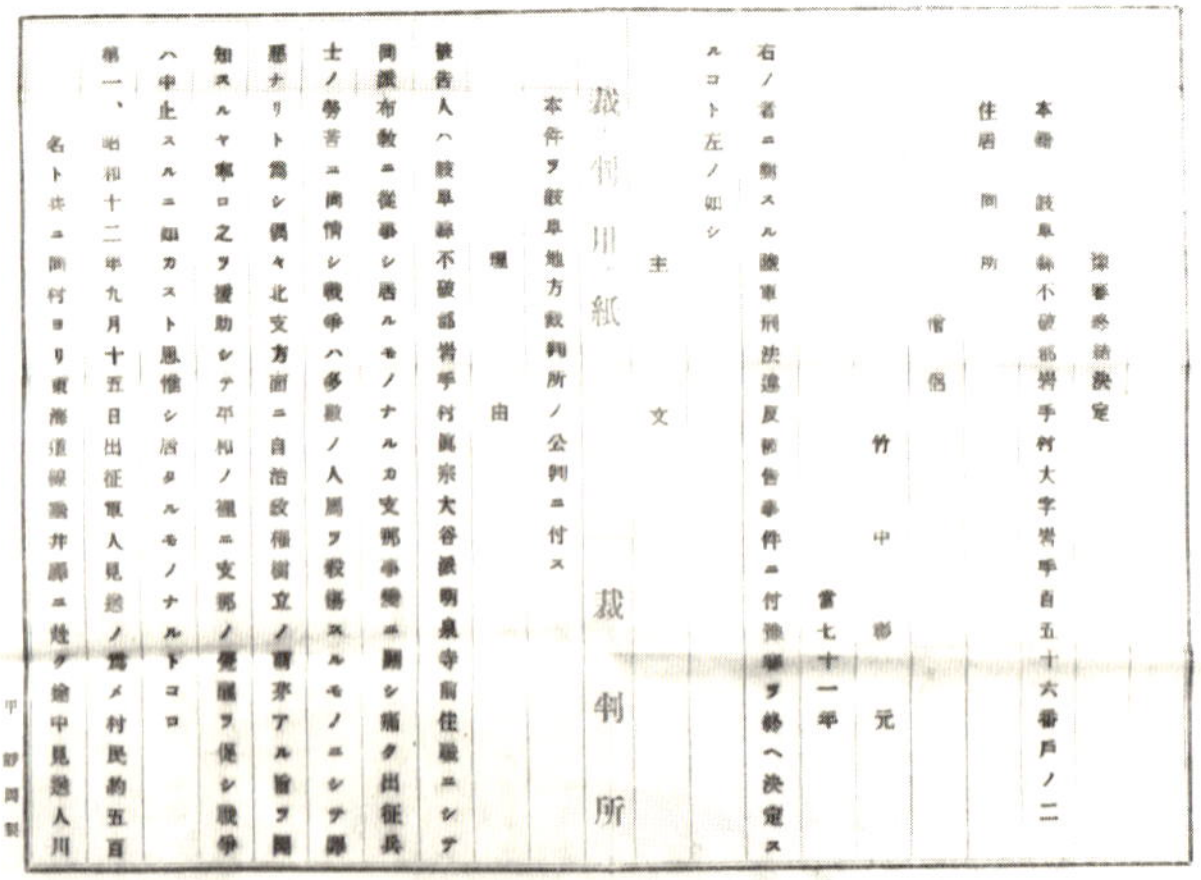

予審終結決定

本籍　岐阜縣不破郡岩手村大字岩手百五十六番戸ノ二

住居　同所

僧侶

竹中彰元

當七十一年

右ノ者ニ對スル陸軍刑法違反被告事件ニ付豫審ヲ終ヘ決定ス
ルコト左ノ如シ

主文

本件ヲ岐阜地方裁判所ノ公判ニ付ス

理由

被告人ハ岐阜縣不破郡岩手村眞宗大谷派明泉寺前住職ニシテ
同派布教ニ従事シ居ルモノナルカ支那事變ニ關シ痛ク出征兵
士ノ勞苦ニ同情シ戰爭ハ多數ノ人馬ヲ殺傷スルモノニシテ罪
悪ナリト為シ偶々北支方面ニ自治政権樹立ノ意向アル旨ヲ聞
知スルヤ寧ロ之ヲ援助シテ平和ノ裡ニ支那ノ覺醒ヲ促シ戰爭
ハ中止スルニ如カスト思惟シ居タルモノナルトコロ
第一、昭和十二年九月十五日出征軍人見送ノ爲メ村民約五百
名ト共ニ同村ヨリ東海道線垂井驛ニ赴ク途中見送人川

裁判用紙　裁判所

予審終結決定

いうことは、有罪判決は間違いない、と一般的には考えられていました。

　陸軍刑法第二条は、陸軍刑法のうち民間人にも適用される条項を示しているもので、刑法第五五条は「連続犯」（複数回の同一犯罪は、ひとつの犯罪とする）の条項、ともに量刑を規定したものではありません。よって彰元の罪状は、陸軍刑法第九九条違反のみと考えてよいでしょう＊2。

　翌一九三八年三月一二日、彰元に対し岐阜地方裁判所は、禁固四か月の実刑判決を下します。ところが彰元は絶望しませんでした。控訴し、法廷闘争を続ける決心をしたのです。この時彰元は七一歳でした。

　警察署での取調べが始まった頃、さすがの彰元も動揺していたと思います。「イッタ覚へハナイ」というような気弱な発言も見られました。そ

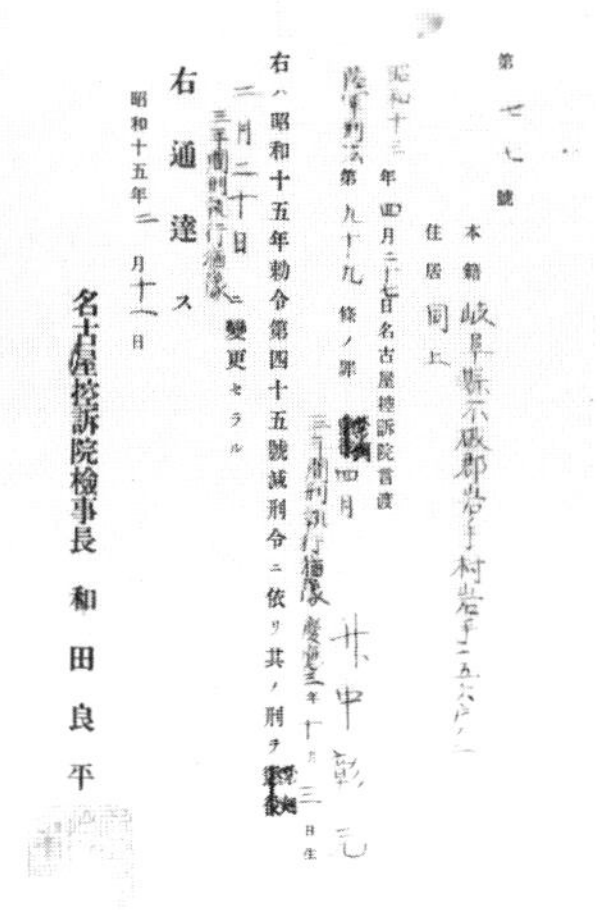
第七七號　本籍　岐阜県不破郡岩手村岩手二五六六ノ二
住居　同上
昭和十三年四月二十七日名古屋控訴院言渡
陸軍刑法第九十九條ノ罪　四月　三年間刑執行猶豫　慶應三年十月三日生　竹中彰元
右ハ昭和十五年勅令第四十五號減刑令ニ依リ其ノ刑ヲ
二月二十日　三年間刑執行猶豫ニ變更セラル
右通達ス
昭和十五年二月十一日
名古屋控訴院検事長　和田良平

減刑通達

れが多喜さんの面会の頃は少し彰元らしさがもどり、地方裁判所判決の頃は完全復活しているようです。それにしても、現在とは違い、当時の七一歳といえば大変な老人といえます。いったいどこからこんなパワーが出てきたのでしょう。

同年四月二七日、名古屋控訴院（高等裁判所）の判決が下ります。一か月半という時間から見て、事実関係の審査はなかったと考えられます。量刑の増減のみの審理だったようです。ここでの判決は、禁固四か月に執行猶予三年が加えられました。罪一等が減じられたのです。彰元もここで妥協したようで、大審院（最高裁判所）に進むことはありませんでした。（資料編・一四六頁参照）

のち、一九四〇（昭和一五）年二月一一日、天皇の恩赦により彰元の刑罰は「禁固二か月二〇日、執行猶予三年」となりました。一九四〇（昭和一五）年は「紀元二六〇〇年」、初代天皇神武天皇が即位して二六〇〇年という伝説に基づいて、建国二六〇〇年に当たるという天皇制国家のお祝いの年でした。その祝いとして恩赦が実行されたのです。

想像ですが、彰元が恩赦を喜んだとは思えません。執行猶予ですから明泉寺での生活が続いていましたし、執行猶予期間は軽減されたわけではありません。実際には恩赦も意味はなかったことでしょう。また恩赦があったとしても、彰元の反戦言動が有罪であったことには何の変わりもありません。そして何より重要なことは、彰元の反対した侵略は、なお拡大を続けていたのですから。

＊1　戦前の裁判制度。現在の裁判制度との大きな違いは、予審制度である。予審とは、捜査と公判の間に位置する手続きで、証拠の収集・保全、事件を公判にするか否かを決定するものであった。予審は非公開であり、また弁護士も立ち会わない中でおこなわれ、その結果作成される予審調書が公判定における重大な証拠となるため、被告人に対しきわめて不利な制度であった。予審で公判開始が決定すると、地方裁判所で公判に付され、控訴すれば控訴院（現在の高等裁判所）、さらに上告すれば大審院（現在の最高裁判所）へと進んでいった。

＊2　陸軍刑法 第二条
本法ハ陸軍軍人ニ非スト雖《いえども》左ニ記載シタル罪ヲ犯シタル者ニ之ヲ適用ス
一　第六四条乃至第六七条ノ罪及此等ノ罪ノ未遂罪
二　第七四条ノ罪
三　第七九条乃至第八五条ノ罪
四　第八六条乃至第八九条ノ罪

五　第九一条乃至第九三条ノ罪及第九一条、第九二条ノ未遂罪
六　第九五条第一項、第九六条、第九七条第二項及第九九条ノ罪

陸軍刑法 第九九条
戦時又ハ事変ニ際シ軍事ニ関シ造言飛語ヲ為シタル者ハ七年以下ノ懲役又ハ禁錮ニ処ス

刑法 第五五条
連続シタル数個ノ行為ニシテ同一ノ罪名ニ触ルルトキハ一罪トシテ之ヲ処断ス

反戦言動に対する評価

一九三八（昭和一三）年一一月発行の、昭和一三年度思想特別研究員で検事の西ヶ谷徹による『支那事変に関する造言飛語に就いて』という報告書があります＊1。ここに彰元の反戦言動についての評価が記されています。

彰元の発言を見て、誰しも考えることは、なぜ治安維持法違反＊2でなかったのか、ということではないでしょうか。これは、その疑問を晴らす史料なのです。

まず史料では、「今次事変に於て一日に千人三千人といふが如き死傷者のありたることは信

ぜられぬ」と指摘しています。確かに、いくら戦闘が激しいとはいっても、一日に何千人も死んだということはないでしょう。司法は、だから造言飛語だといっているのです。

そして彰元の発言で、最も危険視されるはずの「侵略」については、「これ以上の戦争は侵略だと云ふ点も根拠なきこと、思ふ」と全然重要視されていません。大変あっけない評価になっています。そして、「戦争の犠牲の大なること国家財政国民生活に及ばす悪影響のみに着眼し事変の真意義を忘却せるもの」として結論づけられているのです。

司法としては、彰元の反戦言動をさほど大した内容のものではないと評価していたことがわかります。共産主義などの思想的背景がないこと、社会的組織での活動がないこと。これが彰元を「陸軍刑法」違反程度であつかった原因でしょう。もし「治安維持法」違反となれば、彰元の命が危ぶまれることにもなったと思います。

*1『社会問題叢書第一輯』「支那事変に関する造言飛語に就いて（思想研究資料特輯第五五号）」「支那事変下に於ける不穏言動と其の対策に就て」東洋文化社　一九七八（昭和五三）年八月二〇日。

*2　治安維持法　一九二五（大正一四）年四月二二日公布。天皇制の否定・私有財産制の否定をする思想・運動を取り締まるための法律。一九二八（昭和三）年六月二九日、死刑・無期刑を追加し公布。一九四一（昭和一六）年三月一〇日には、予防拘禁制を加えた改正治安維持法となった。国策に批判的な思想や運動に対し、徹底的な弾圧を加えた法律。逮捕後の拷問などで殺されることも

あった。

特高警察の評価

一方、思想警察である特高は、司法よりは重く受け止めていたようです。前掲の『特高外事月報　昭和一二年一二月分』では、「予《か》ねて其《そ》の信仰的立場より戦争を以《もっ》て仏戒に反する罪悪なりとの思想を抱き居たる模様」と日中戦争以前から反戦思想を持っていたと推測しています。続いて「支那事変勃発して漸次国内に非常時意識横溢するに至るや愈々《いよいよ》其の反戦反軍的観念を強化した」とも記しています。

そして、彰元の発言については「僧侶、布教師等の誤れる言説は其《そ》の大衆に及ぼす影響特に少なからざるものあるべきを以《もっ》て、之が視察取締に就ては格別の注意を要するものあるべし」と結んでいます。

同じ国家組織である司法と警察。しかし彰元の発言に対する反応には、少しずれがあるようです。この違いは、特高警察がいかに厳しく国民の言動に注意を払っていたかを示すものでしょう。あらためて特高警察の恐ろしさ、思想弾圧の厳しさが見えてくるのです。

大谷派の評価

一九三八（昭和一三）年四月二七日、名古屋控訴院は彰元に対し、禁固四か月・執行猶予三年の判決を下します。彰元はこれを受け入れ、刑が確定するのです。

ここから大谷派による弾圧が始まります。同年一一月一八日、大谷派審問会（真宗大谷派の裁判。審問院が行う）は彰元に対し、「軽停班三年」の処分を下します。同日、真宗大谷派は、彰元の布教使の資格も取り上げました。「免役務　布教使竹中彰元」という辞令が出されたのです。「軽停班三年」は大谷派の司法による処分であり、布教使の資格を取り上げたのは、大谷派の行政からの処分でした。

「停班」とは、法要の時に僧侶の着座順位を最下位にすることです。同時に、衣や袈裟《けさ》の色も最下位のものしか許可されないという罰則です。僧侶の階級を「堂班」といいます。それを停止する、という罰則です。

現在の大谷派僧侶は、以前ほどこの堂班を重要視しなくなったといわれています（現在は「堂班」ではなく「法要座次」と呼称）。しかし彰元の時代は、堂班が大変重要視されていました。常識的には、彰元のプライドは大きく傷ついたと考えられるでしょう。ただ、昭和恐慌の頃、銀行が破産し、彰元の貯金がなくなってしまった時、「しかたがない。世の中はこういうものだ」と意に介さなかったという話が残っています。案外、ケロッとしていたかもしれません。

しかしもう一つの処分、布教使資格の剥奪は結構こたえたはずです。というのは、失礼ながら明泉寺はさほど門徒数（檀家数）があった寺ではありません。だからこそ、布教使として活動し、収入を得ていたのです。そう、つまり布教使をクビになるということは「兵糧攻め」にあったということです。高齢とはいえ、逮捕された一九三七（昭和一二）年にも、彰元は布教使として滋賀県の長浜別院、岐阜の竹鼻別院で布教をしていたのです。彰元の収入の道は、大谷派により断たれました。

もちろん跡継ぎの界雄が布教使をしています。食いつなぐことには不安はなかったかもしれません。しかし界雄の息子信雄が、一九三七（昭和一二）年から京都に下宿し、大谷大学に通っています。少しでも収入が必要な時期ではなかったでしょうか。プライドを傷つけるだけでなく、収入の道を断つ――大谷派の弾圧の恐ろしさがよくわかります。

また、不思議なことに大谷派機関誌の月刊『真宗』には、「免　布教使」の記事はありますが、軽停班三年の記事は出ていません。他の黜罰《ちゅつばつ》＊処分者の記事は掲載されており、未掲載の理由はわかりませんが、処分理由を記すと「反戦言動」の存在がわかってしまいます。それを避けるための配慮かもしれません。処分はするけれども、その処分は秘密だったのでしょうか。そういえば、一九一四（大正三）年の「譴責」についても大谷派機関誌には掲載されませんでした。

同時期の処分者は、昭和時代よりも詳細な処分理由が記されています。ますます「譴責」処分の理由が知りたくなってきます。

一九四〇（昭和一五）年二月一一日、国家による恩赦で彰元の刑期が短縮されます。同じ年、大谷派も刑期を短縮しました。

一九四〇（昭和一五）年五月一〇日、大谷派は彰元の処分を軽減し、五月一八日を満期としたのです。本来ならば一九四一（昭和一六）年一一月一八日が満期です。軽停班三年を、一年六か月としたのです。これは、大谷派が東本願寺において五月一〇日・一一日に「紀元二六〇〇年奉賛法要」を執行するにあたっての処分の減免でした。（資料編・一四五、一四六頁参照）

減免の「停班」の条項には、「期限未タ其ノ半ニ至ラサルモノハ其ノ期限ノ一半ヲ減シ其ノ半ヲ過キタル者ハ之ヲ宥免ス」とあります。これが彰元の処分が半減した理由です。しかしこの規定には「国律ヲ犯シ刑期未タ満タサルモノ」は除外するという規定もありました。黜罰条例第九条にも「国法ヲ犯シ因テ黜罰ニ処セラレタル者ハ復権ノ後ニ非サレハ減免ヲ行ハス」とあります。このころ、彰元の執行猶予期間は過ぎていません。執行猶予は刑期ではないですが、いまだ復権していないことは事実です。しかしそんな中、大谷派は処分を半減しました。ここから彰元の処分が、国家の顔色を見てのものではない、との可能性が出てきます。

そして布教使の資格は、一九四一（昭和一六）年四月一七日に再度与えられています。これは彰元の「執行猶予三年」が経過した時期と重なるのです。ここは国家の顔色を見ての判断ともいえます。

確認しておかなければなりません。大谷派は国家の命令や指示で弾圧をした、というような言い訳が出てくるかもしれないからです。しかし事実として、大谷派は独自性を発揮しているのです。それは、軽停班の満期と布教使への復権の時期がずれていることです。国家の判断に追従しただけのことならば、軽停班の期間を半減することはなかったでしょう。

つまり、大谷派の司法（審問会）は独自に処分し、また減免した。しかし大谷派行政（宗務総長）は、執行猶予期間が満たされるまで、なお弾圧を続けていたことになります。ここからも大谷派行政の反戦僧侶に対する態度がはっきりと浮かび上がってきます。審問会が復権させても、行政は弾圧し続けたのです。

また、同時代に弾圧された他宗派の僧侶を少しだけ知ることができました。すると、浄土宗と日蓮宗では、教団としての弾圧をしていないことがわかったのです。大谷派に弾圧を指示する国家の命令が来て、浄土宗・日蓮宗に来ないということはありえないでしょう。大谷派は、少なくとも浄土宗・日蓮宗より恐ろしい教団だったことがわかります。そして国家よりも厳しく弾圧を続ける組織だったのです。

＊真宗大谷派の僧侶・門徒の違反者を罰するための規則。大谷派の刑法にあたる。一八九九（明治三二）年三月一四日公布の「黜罰例」が最初のもの。一九三〇（昭和五）年四月一一日に「黜罰条例」として再度公布された。その罰則は、重いものから「擯斥」（大谷派および自坊より追放）・「除名」・「奪班」（永久に堂班を最下位にする。三年以上一〇年以下の期間、自坊外での活動を禁止）・「重停班」（五年以上一〇年以下の期間、堂班を最下位にする）・「軽停班」（一年以上五年未満の期間、堂班を最下位にする）・「降班」（二か月以上一年以下、堂班を一等または二等降格にする）・「譴責」の七種であった。ただし、黜罰条例では「停班」の重・軽を分けておらず、罰則は六種と規程している。黜罰条例に違反するとされると、審問会に付された。大谷派の裁判所に当たる。審問会は、審問員三名（うち一人が審問長となる）と書記一名で組織され、重大事件については審問員の増加が認められていた。

◎国家・教団に弾圧された僧侶たち

（名前　①宗派　②国家の弾圧　③宗門からの弾圧　④宗門の名誉回復　⑤備考）

一、大逆事件＊1

内山　愚童…①曹洞宗　②一九一一（明治四四）年一月二四日、大逆罪で死刑　③擯斥（僧籍剥

奪） ④一九九三（平成）年四月一三日、曹洞宗により処分撤回。顕彰碑建立

高木　顕明…①真宗大谷派　②一九一一（明治四四）一月二四日、大逆罪で死刑判決。翌日無期懲役に減刑。秋田監獄で自死　③擯斥（僧籍剥奪）　④一九九六（平成八）年四月一日、真宗大谷派、告示第十号で高木顕明の住職差免・擯斥処分を取り消す

峰尾　節堂…①臨済宗妙心寺派　②一九一一（明治四一）年一月二四日、大逆罪で死刑判決。翌日無期懲役に減刑。千葉監獄で病死　③擯斥（僧籍剥奪）　④一九九六（平成八）年九月二八日、臨済宗妙心寺派により復権

二、新興仏教青年同盟＊2

妹尾　義郎…①日蓮宗（在家）　②治安維持法違反で懲役三年　③なし　④戦後、反戦・平和運動家の間で再評価

林　霊法…①浄土宗　②治安維持法違反で検挙。未決収監一年、懲役二年執行猶予三年　③なし　④戦後、東海高校校長・知恩寺法主

谷本　清隆…①西山浄土宗　②治安維持法違反で検挙。執行猶予　③僧籍剥奪　④戦後住職に復職。宗門立高等学校の校長となる。

壬生　照順…①天台宗　②治安維持法違反で検挙。未決収監二年、懲役二年・執行猶予三年③一

時僧籍返上　④一九四四（昭和一九）年復職
大隈　実山…①日蓮宗　②治安維持法違反で検挙。執行猶予　③なし　④なし
細井　宥司…①日蓮宗　②治安維持法違反で検挙。執行猶予　③なし　④なし
山本　秀順…①真言宗智山派　②治安維持法違反で検挙。執行猶予　③不明　④戦後、大本山高尾山薬王院有喜寺の貫首

三、その他の弾圧

竹中　彰元…①真宗大谷派　②一九三七（昭和一二）年一〇月二六日逮捕。陸軍刑法違反（造言飛語）で禁固四か月・執行猶予三年　③軽停班三年（のち一年六か月に軽減）、布教使免職　④二〇〇七（平成一九）年一〇月一九日、大谷派より処分撤回　⑤二〇〇二（平成一四）年一月二六日より、岐阜市平和資料室で竹中彰元史料、常設展示
植木　徹誠…①真宗大谷派（本願寺派へ転派の可能性あり）　②一九三八（昭和一三）年一月一八日逮捕。治安維持法違反。未決収監二年・既決収監一年　③不明　④なし　⑤植木等『夢を食いつづけた男』朝日文庫　一九八七（昭和六二）年二月二〇日
河野　法雲…①真宗大谷派　②なし　③一九三五（昭和一〇）年一一月五日、『真宗』掲載の河野

法雲「宗祖聖人の神祇観」を、本山は国家に対し不穏当な内容として問題化。一九三六（昭和一一）年八月六日、大谷大学学長を辞職　④戦後、大谷大学名誉教授

三田村竜全…①日蓮宗　②一九四〇年頃。治安維持法違反で実刑三年　③不明　④なし

訓覇　信雄…①真宗大谷派　②一九三九（昭和一四）年五月逮捕陸軍刑法違反（造言飛語）で禁固一〇か月・執行猶予二年　③軽停班三年　④戦後、真宗大谷派宗務総長　⑤地域有力者との軋轢により、冤罪で逮捕

『寺門興隆』興山舎　二〇〇六年（平成一八）年一二月号の表を加筆訂正した。

＊1　大逆事件　明治天皇暗殺容疑が捏造され、社会主義者弾圧のため幸徳秋水ら二六名が逮捕された事件。四名は計画を認めたが、他二二名は全く証拠もないまま有罪判決を受け、二四名が死刑（翌日一二名は無期懲役に減刑）、二名が有期懲役刑を受けた。

＊2　新興仏教青年同盟　日蓮宗信者妹尾義郎を中心として一九三〇（昭和五）年四月に結成された団体。一九三三（昭和八）年の全国大会では、「満州侵略反対」・「戦争反対」・「軍国主義反対」を明確にした。一九三六（昭和一一）年一二月七日、妹尾逮捕。一九三七（昭和一二）年五月には新委員長として浄土宗僧侶林霊法を選出したが、同年一〇月二〇日、東京本部関係者、一一月一五日には地方支部関係者ら百数十名が逮捕された。

この大谷派審問会の処分については、はっきりさせたいことがいくつかあります。まず審問員は何名だったのかということ。その人数から、事件の重要性を大谷派がどの程度のものと判断していたかがわかります。

次に、彰元が審問会に出席したか否か、ということ。審問会は当事者欠席でも審理される規定でした。欠席裁判ならば、大谷派の弾圧姿勢が大変強いものであったことを想像させます。しかし彰元が出席していたとするならば、そこでの彰元の発言は大変重要な史料となるでしょう。出席・発言の有無には大変興味があります。もし彰元が出席していたら、大いに平和を語っていたことでしょう。

最後に処分内容について。大谷派の規則では、懲役・禁固刑を受けたものは「奪班」（永久に堂班を最下位にする）という罪になるはずです。しかし彰元はそれより二段階軽い「軽停班」という処分です。執行猶予がついたから一段階軽く、また七〇歳以上の場合は処分を軽減してもよい、という規定があるのでもう一段階の軽減があったということでしょうか。よくわからないのです。

違う考え方もできます。執行猶予がついているので懲役・禁固刑ではない、と大谷派が判断したかもしれないということです。軽停班は、国からの罰則では「罰金」の者が対象でした。彰元は罰金刑ではありません。とすれば、有罪判決が根本原因とはいえ、大谷派独自の判断での処罰なのかもしれません。軽停班には「宗務ノ施行ヲ妨害シタル者」・「僧風ヲ紊《みだ》シ宗門ノ威信ヲ傷ケタル者」という条項があります。大谷派の処分は「禁固四か月・執行猶予三年」を、直接受けてのものではなく、大谷派の宗務の妨害・僧風を紊すという、組織内部の問題として処分したのかもしれません。

現在、大谷派では審問会史料は公開されていません。まさか保存していないということはありえないでしょう。彰元を「復権・顕彰」した今、非公開にしている意味はありません。早急な公開が待たれています。

黜罰條例

昭和五、四、一一、條例三

第三十六條　輕停班ニ處スヘキ者左ノ如シ

一、　宗務ノ施行ヲ妨害シタル者

二、　宗務所ニ對シ虚僞ノ申立ヲ爲シタル者

三、　人ヲシテ黜罰ノ處分ヲ受ケシムル目的ヲ以テ虚僞ノ申告ヲ爲シタル者

四、　勤行式莊嚴等例規ニ違背シタル者

五、　故ナク宗費ノ納付ヲ怠リタル者

六、　僧風ヲ紊シ宗門ノ威信ヲ傷ケタル者
七、　我情ヲ募リ寺檀ノ間ニ不和ヲ生セシメタル者
八、　他寺ノ檀家ヲ自坊ノ檀家ト爲シ又ハ爲サントシテ法類間ニ紛議ヲ起シタル者
九、　妄《みだり》ニ他寺檀家ノ葬儀又ハ法要ヲ爲シタル者
十、　學階師褒賞等ヲ詐稱シ又ハ自己ノ堂班以上ノ衣體ヲ着用シタル者
十一、成規ニナキ衣體ヲ着用シタル者
十二、重大ナル過失ニ因リ本堂及佛像等ヲ燒失シタル者
十三、法寶物ヲ貸與シ因テ利ヲ計リタル者
十四、罰金ノ刑ニ處セラレタル者

歎願書

前述のように、彰元は一九三七（昭和一二）年一〇月二六日、地元警察に逮捕され、同月三一日に岐阜地方裁判所検事局に送致されました。

この時、彰元に関係する人々は「歎願書」を作成しています。署名は「明泉寺、寺下檀徒」、つまり明泉寺門徒となっています。

現在明泉寺には、その下書きが残されています。また、明泉寺門徒総代の児玉博さんの証言によれば、事件当時総代だった父親から「歎願書」を提出した、と聞いているとのことでした。「歎願書」は、「今回何カオ取調ヲ受ケラル、事ト相成リ候由承リ誠ニ痛心致居候」と、なぜ逮捕されたのかを知らない、という態度で書かれています。もちろん田舎の村の中での出来事です。門徒たちが知らないはずはありません。とぼけているのです。

その理由は簡単です。彰元の反戦言動を知っていながら、彰元に関し「歎願書」を提出すれば、門徒たちも彰元の発言を肯定したと判断されてしまうからです。そうなれば、彰元同様逮捕されることになってしまいます。侵略戦争の時代、自分自身を守りながら彰元の身も案じている。村人にとってはぎりぎりの抵抗だったのでしょう。

「歎願書」は、彰元をこのように評価しています。性格はきわめて厳格。明泉寺では門徒を率いるのに「仏恩報謝、忠君愛国、国民精神作興」を説いた。つまり仏教だけでなく天皇や国家に忠実な僧侶であったとしています。

ここでは、僧侶としての彰元が生き生きと描かれています。普通の僧侶が一時間から二時間で読むお経を、一語一句明瞭に読んで三時間もかけていること。経本を机に置くことなく、読経の間必ず両手で捧持していること。読経中、おしゃべりをするものを叱責したこと。彰元の性格や仏事に対する姿勢がわかります。信雄さんに確認したところ、彰元の読経は大声ではな

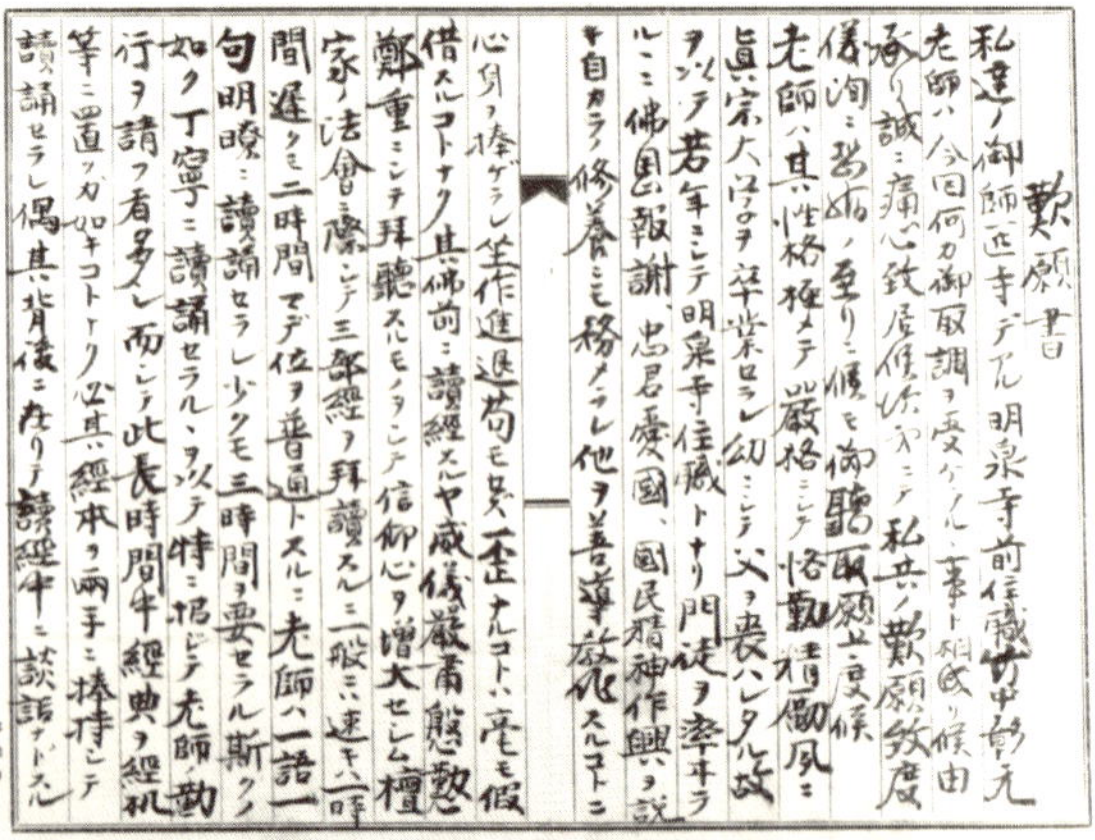

歎願書

私達ノ御師匠寺デアル明泉寺前住職竹中彰元
老師ハ今回何カ御取調ヲ受ケ居ル事ト相成リ候由
承リ誠ニ痛心致居候依テ茲ニ私共ノ歎願致度
儀洵ニ恐縮ノ至リニ候モ御聽取願上度候
老師ハ其ノ性格極メテ嚴格ニシテ恪勤精勵夙ニ
眞宗大谷派ヲ卒業セラレ幼ニシテ父ヲ喪ハレタル故
ヲ以テ若年ニシテ明泉寺住職トナリ門徒ヲ率ヰラ
ルヽニ佛恩報謝、忠君愛國、國民精神作興ヲ説
キ自カラノ修養ニモ務メラレ他ヲ善導啓発スルコトニ
心身ヲ捧ゲラレ挙作進退苟モ其ノ一歪ナルコトハ毫モ假
借スルコトナク其佛前ニ讀經スルヤ威儀嚴肅懇懃
鄭重ニシテ拜聽スルモノヲシテ信仰心ヲ増大セシム檀
家ノ法會ノ際ニシテ三部經ヲ拜讀スルニ一般ニハ速キハ一時
間遅クモ二時間マデ位ヲ普通トスルニ老師ハ一語一
句明瞭ニ讀誦セラレ少クモ三時間ヲ要セラル斯クノ
如ク丁寧ニ讀誦セラルヽヲ以テ特ニ招ジテ老師ノ勤
行ヲ請フ者多ク而シテ此長時間中經典ヲ經机
等ニ置クガ如キコトナク必ズ其ノ經本ヲ両手ニ捧持シテ
讀誦セラレ偶ミ其ノ背後ニ在リテ讀經中ニ談話ナドスル

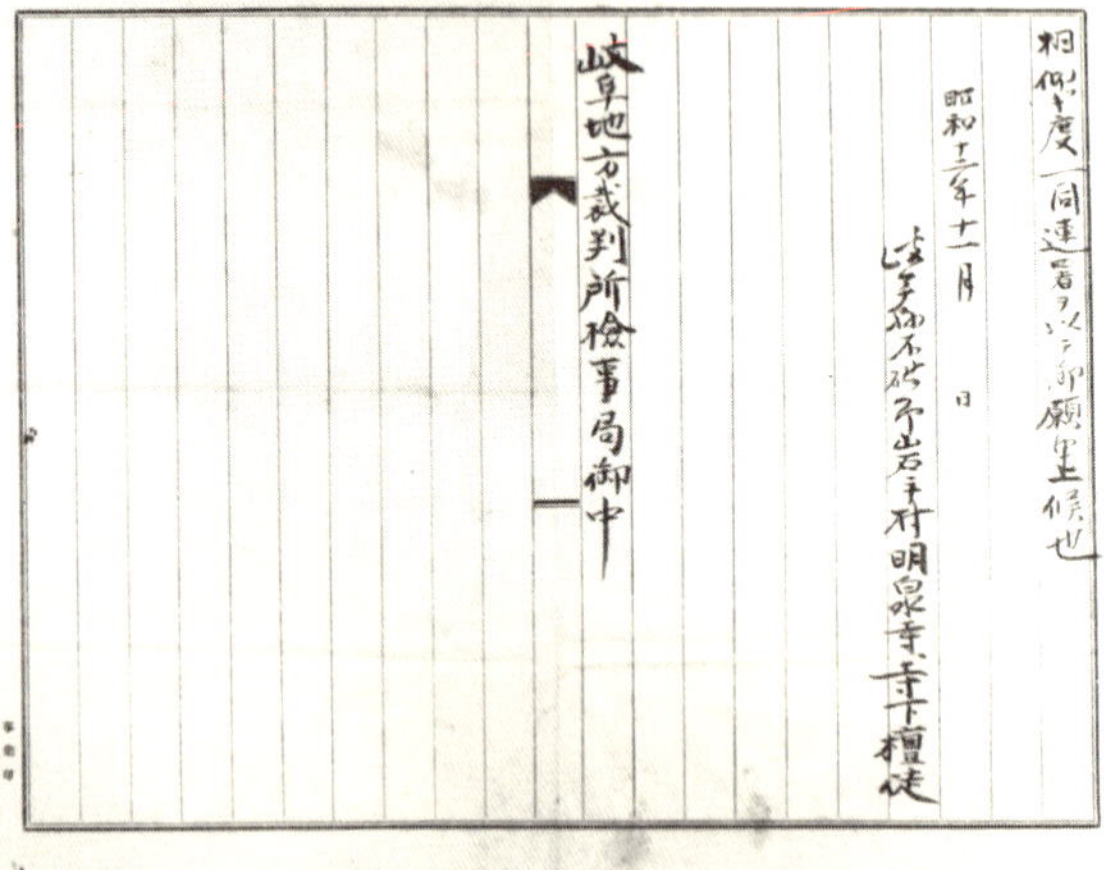

相成度（一同連署ヲ以テ御願上候也）

昭和十三年十一月　日

岐阜縣不破郡岩手村明泉寺ノ寺下檀徒

岐阜地方裁判所検事局御中

嘆願書（5枚のうちの2枚）

かったけれども、一句一句力を込めて読んでいた、とのことでした。歎願書の記述はそれを裏付けます。そして布教使として活躍していたこと。明泉寺の本堂・庫裏を再建したことなど、僧侶としての功績を書き記しています。

つづいては、国家や公共に対する功績がつづられています。出征兵士の見送りを続けたこと、国防献金をすることを主張し実現させたこと。積極的に選挙に参加したことなど。決して「非国民」的な人物ではなかったことを伝えています。

僧侶としての功績を記し、そして国家・公共への功績を記す。考えに考え抜かれた構成だと思います。相当な知識人が書いたものでしょう。付け加えられた一文には、「老師ノ一生ハ法キ（ママ。「ニ」の誤字か）活キ法ノ為ニ活躍セラレ」と、最大の讃辞を記しています。

そしてもっとも感心する部分は、「非違ナキニ非違アリトセントスルガ如キ輩アルガ為ニ老師ノ晩年ヲ傷ツクル如キハ仏モ菩薩モ許シ玉ハザル所」という一文です。

繰り返しますが、門徒たちは彰元の逮捕を批判することはできません。警察批判になるからです。また、検察批判・裁判批判もできません。「非国民」となってしまいます。反戦言動をかばった、警察・司法を批判したと、罪に問われることになるからです。それでは「非違ナキニ非違アリトセントスルガ如キ輩」という、非常に厳しい言葉は誰に投げかけられたものなのでしょうか。

「輩」は逮捕した警察、取り調べている検察ではありません。裁判所はこれからの話です。とすれば、「輩」とは通報者・密告者・証言者以外にはありえません。「輩」とは、国ではなく村人・僧侶たちということになります。村人が村人を批判する。これは戦争中でも合法です。門徒たちは、彰元が悪いのではなく通報者たちが間違っているのだ、と主張しているのです。ぎりぎりを見つけたようです。先に「かなりの知識人」と書きましたが、敬意をこめていうのですが、「相当なタヌキ」が歎願書を作成したようです。

「歎願書」は、彰元が送検された一九三七（昭和一二）年一〇月三一日から、起訴予審に付される一一月一三日までの提出です。最大でも逮捕されてから予審に付されるまでの二〇日間でまとめあげられた文章です。短期間でまとめあげられていることが、彰元の身を案じる門徒の気持ちをあらわしています。

この「歎願書」には、いくつかの間違いがあります。例えば、彰元の教師資格を「大僧都《だいそうず》」としています。事実はそれより一段下の「権大僧都《ごんだいそうず》」でした。また「昭和九年一一月本山総会所ノ布教係トシテ出仕」は、「昭和八年」の間違いです。決して間違いを批判しているのではありません。著者が、一日でも早く書き上げようとしていた姿勢に感動しているのです。彰元を守るための必死さが刻まれている文章です。

「かなりの知識人」であった「歎願書」の作成者は誰なのか。非常に興味を持つところです。

前述の広瀬顕雄さんは「弁護士ではないか」と想像されました。弁護士が門徒から聞き取りをし、作成したという想像です。

しかし最近出てきた証言があります。それは信雄さんの弟、國雄さん（事件当時小学校三年生）の証言です。國雄さんは子どもの頃、「歎願書はおじいの大学の同級生だった左藤という人が書いた」と聞いていたとのことです。

左藤とは、旧姓名を加藤泰玄といい、真宗大学選科で彰元と同級生だった人物です。大阪市の真宗大谷派浄雲寺に養子に入り、左藤了秀と改姓名しています。浄雲寺の前住職左藤恵さんは、「先先代が入寺する前、大垣で美濃地震（濃尾大地震）にあって、建物の二階から布団を投げ、そこへ向けて飛び降りて難を逃れた、という話を聞きました」と教えてくださいました。濃尾大地震は一八九一（明治二四）年一〇月二八日。彰元はこの年一〇月一日に哲学館に入学しています。これらのことから、彰元と左藤（大垣時代は旧姓名）は大垣でも友人関係を持っていたと思われます。

この歎願書の原案を本当に左藤が書いたか否かは現在ではわかりません。ただ、彰元との接点は確かに存在していたのです。そして、友人では知りえない彰元のいろいろな話が書かれていることから、村の門徒たちの情報提供があったことは間違いないと考えられます。友人の思い、門徒の思いは、このみごとな文章に刻み込まれているのです。

のち裁判で有罪判決が出されると、大谷派本山は彰元に罰則を与え切り捨てます。僧侶たちは、仲間である彰元から距離を置いたのです。しかし、門徒たちや友人はぎりぎり限界のところまで、彰元とともにいたのです。大谷派という組織、門徒という信仰仲間。両者の違いは、悲しいほどはっきりとしています。

歎願書

私達ノ御師匠寺デアル明泉寺前住職竹中彰元老師ハ今回何カ御取調ヲ受ケラルヽ事ト相成リ候由承リ誠ニ痛心致居候次第ニテ私共ノ歎願致度儀洵ニ恐縮ノ至リニ候モ御聴取願上度候

老師ハ其性格極メテ厳格ニシテ恪勤精励夙《つと》ニ真宗大学ヲ卒業セラレ幼ニシテ父ヲ喪ハレタル故ヲ以テ若年ニシテ明泉寺住職トナリ門徒ヲ率イラルヽニ仏恩報謝、忠君愛国、国民精神作興ヲ説キ自カラノ修養ニモ務メラレ他ヲ善導教化スルコトニ心身ヲ捧ゲラレ坐作進退苟《いやしく》モセズ不正ナルコトハ毫《すこし》モ仮借スルコトナク其仏前ニ読経スルヤ威儀厳粛慇懃鄭重ニシテ拝聴スルモノヲシテ信仰心ヲ増大セシム檀家ノ法会ニ際シテ三部経ヲ拝読スルニ一般ニハ速キハ一時間遅クモ二時間マデ位ヲ普通トスルニ老師ハ一語一句明瞭ニ読誦セラレ少クモ三時間ヲ要セラル斯クノ如ク丁寧ニ読誦セラル、ヲ以テ特ニ招ジテ老師ノ勤行ヲ請フ者多シ而シテ此長時間中経典ヲ経机等ニ置クガ如キコトナク必其経本ヲ両手ニ捧持シテ読誦セラレ偶其背後ニ在リテ読経中ニ談話ナドスル者アル時ハ之ヲ叱責シ仏前ニ詣デシ時ノ作法心得ヲ説キ深ク之ヲ誡ムルヲ常トス

又老師ハ本山ノ布教使トシテ全国的ニ感化教導セラル、コト茲ニ満四十有余年昭和九年十一月本山総会所ノ布教係トシテ出仕シ派内最高布教使トシテノ任務ヲモ果セリ此故ヲ以テ檀徒ハ謂フモ更ナリ信徒ノ遠近ヨリ明泉寺ニ参詣スルモノ多シ

老師在職中御堂の改築成リ前ノ屑屋（ママ）葺ノ小御堂ハ七間四面ノ大御堂ト成リ材料設備共ニ稀ニ見ル結構装麗ナリ旧御堂ノ材木ハ竹中半兵衛重治公ノ後裔ガ京都ノ禁裡御造営奉行ノ功ニ因リ賜ハリシ木材ヲ分譲セラレシモノナリシヲ以テ其旧御堂ノ一部堅材ヲ以テ小舎ヲ営ミ記念館トシテ老師ハ此記念館ニ起臥シ以テ竹中重治公ノ妹君ヲ寺ノ開基トセシ昔ヲ偲ビ皇恩ヲ感謝シツ、アリ

数年前庫裡ヲ新築シ境内木石ノ配置ヲヨクシ周囲ニ立派ナル石垣ヲ繞ラシ寺観ヲシテ昔日ノ面目ヲ全ク一新セリ又十年前ヨリ岩手村大谷婦人会ヲ組織セラル、ニ当リテモ老師ノ尽力与リテ力アリ年三回、一回三日間ツ、村内各寺院ヲ交互ニ廻ハリテ布教スルニ当リ其ノ説教者ヲ招聘スルニ就キテモ師ハ最時代ニ適シタル人ヲ選ビ説ク所必国家興隆、国民精神作興、仏恩報謝ノ念ヲ増大セシムル事ニ努メラレ多数会員並ニ一般参聴者ノ満足ヲ得ツ、アリ

老師ハ又常ニ国家公共ノ事ニ対シ奉仕的行為ヲナスコト多ク農繁期保育園ヲ毎年開設スルガ如キ

又各種団体ノ会合ニハ努メテ出席シ今回ノ動員下令ニ当リテモ出征者ニ対シ毎回垂井駅マデ一里余ヲ徒歩往復シ見送ヲセラル

又今回ノ支那事変ニ当リテ国防献金ヲ為スベシト主張シ岩手村大谷婦人会ヨリ曩《さき》ニ献金セシモ老師ノ主唱ニ成リシモノナリ

又粛正選挙ニ対シテモ責任観念強ク昭和十一年二月二十日ノ衆議院議員総選挙ノ当日老師ハ法要ノ為関ヶ原町ノ檀家ニ赴キ居ラレシガ選挙権行使ヲ飽マデ果サントノ決心ヨリ時間不足ノ故ヲ以テ他ノ止ムルヲモ聴カズ一里半ノ雪道ヲ体ノ前後ニ法衣其他ノ荷物ヲ負ヒナガラ流汗淋漓時間方ニ締切一分前ニ選挙会場ニ辿リ着キシガ如キハ選挙美談トシテ係員ヲシテ賞讃セシメタリ

以上ノ如ク徳望高ク私共ノ最敬仰仕居候老師ガ今回御取調ヲ煩ハスニ至リシ事実ハ如何ナルコトニ候ヤ窺知スル所ナラザルモ多年老師ノ御信仰心深キ事ト其説カル丶処ハ正義正道ニ基キ仏典ヲ根拠トシ国家ノ御方針ヲ私共ニオ聴カセ戴キ居ルニ如何ナル事態ガ発生セシモノカト一同驚愕仕居候老師今ヤ齢七十一歳布教ニ従事セラル丶コト四十有余年

※老師ノ一生ハ法キ《ママ》活キ法ノ為ニ活躍セラレ私共凡夫ヲ救フニ法ヲ以テセラレ※

老師ノ一生ヲ通ジテノ功業ハ実ニ法ニ終始セラル丶モノト謂フベシ

如何ニ功業アリト雖法ハ曲グベキニアラズ国憲ヲ重ンジ国法ニ遵ハザルベカラズ老師ニシテ非違アラバ宜シク法ニ拠ツテ御処断下サル、コトヲ当然ト存ジ候ヘドモ非違ナキニ非違アリトセントスルガ如キ輩アルガ為ニ老師ノ晩年ヲ傷ツクルガ如キハ仏モ菩薩モ許シ玉ハザル処ニシテ以上ノ如ク宗派トシテモ功績多ク本山ヨリ特ニ御門跡様ノ御名ノ一字ヲ賜ハリ元「慈元」ヲ「彰元」ト改名ヲ御許シアリ現ニ大僧都ノ僧位ニ在リ等席衣帯《ママ体》ハ一等席ナリ又明泉寺トシテモ功業多ク国家社会ニ尽サレシ功績モ多ク私共檀徒ハ仏恩報謝、皇恩奉謝ヲオ説キ聴カセ戴キシ老師ニ対シ何卒法ノ範囲ニ於テ与フ限御寛大ノ御処置相仰ギ度懇願仕候幸ニ閣下ノ御明察ヲ垂レサセラレ私共檀徒ノ意ノ在ル処ヲ御汲取被成下適法ニシテ御寛大ナル御裁断相仰ギ度一同連署ヲ以テ御願申上候也

昭和十二年十一月　　日

岐阜県不破町岩手村明泉寺、　寺下檀徒

岐阜地方裁判所検事局御中

※印の部分は追記された部分。旧漢字は現行の漢字に改めた

第三章　わたしたちと竹中彰元

彰元を顕彰していた人たち

一九四五（昭和二〇）年八月一五日、敗戦。信雄さんの妹で当時一九歳の照子さんは、高齢でずっと横になったままの彰元に語りかけました。

「おじいちゃんの言うたとおりやったね。今に表彰されるかもしれんね。それまでがんばらないかんよ」と。彰元は「うふふ。そうかい」と答えたということです。穏やかな場面だったことでしょう。

戦後初めて彰元を顕彰したのは「孫娘」照子さんでした。彰元も照れくさかったのでしょうね。「うふふ」という笑い声が意外です。敗戦後、かつての「頑固じじい」も、素直なおじいちゃん、に変わっていたということでしょうか。警察による調書に「性質温順ニシテ」とあることに違和感もあったのですが、孫のようにかわいがっていた娘には、このような話し方をしていたのでしょう。警察の調べたように「温順」な一面も確かにあったようです。

一九四五（昭和二〇）年九月二九日、彰元の妹多喜が急死しました。生涯彰元と一緒に暮らしていた妹です。彰元の悲嘆は大きなものだったそうです。そして一〇月二一日、彰元は一生を終えることになりました。七七歳のことでした。

彰元の死後、名古屋から浄土宗の僧侶が明泉寺を尋ねました。新興仏教青年同盟に参加し、治安維持法で逮捕された経験を持つ林霊法です。戦後、名古屋にある浄土宗の学校である東海高校の校長や浄土宗知恩寺の管長を勤めた人物です。林は、仏教の勉強会で知りあった國江正夫さんに、明泉寺への案内を頼みました。國江さんの記憶では、一九四八（昭和二三）年頃だったそうです。

彰元居住の離れ

國江さんは岐阜市出身で、明泉寺のある岩手村に友人がいたことから案内を買って出たのです。もちろん、彰元のことはいっさい知らなかったそうです。

国鉄大垣駅からタクシーで岩手村へ向かいます。ただ戦後間もない頃、木炭自動車のタクシーだったそうです。そして明泉寺へ到着すると、中年の女性が応対したそうです。界雄住職夫人（坊守）ではなかったでしょうか。

林が「彰元さんのお寺ですね」などと尋ねると、女性はたいそうな剣幕で「帰ってくださ い」と怒り出したそうです。たぶん、非国民の僧侶である、と嫌がらせに来たと誤解されたのでしょう。林は「私も戦争に反対したという理由で、刑務所に入っていた人間です。同じ苦労をした彰元さんに対し、お参りさせていただきたいのです」と自分の思いを伝えました。坊守は、「本山からもひどい仕打ちを受けましたから」と、誤解した理由を話したそうです。

これは想像ですが、坊守さんは反戦言動当時のことをいっているのではないと思います。反戦言動からは八年が経過しています。国の刑期・本山の処分も終えています。とすれば、彰元の葬儀に関係しての発言ではなかったでしょうか。彰元の葬儀に対し、本山・別院が非礼なことをしたような気がします。敗戦直後、まだまだ「非国民」という考えは広がったままのはずですから。もちろん明泉寺の門徒たちは、葬儀に対し誠意をもって協力したそうです。

林は本堂で読経したそうです。宗派は違えど、同志に対する敬意を表したのです。その後、一時間ほど坊守さんとお話ししていたということです。

これは、二〇〇八年三月、名古屋別院での「平和展」会場、彰元の展示の前で國江さんから聞いた話です。「なぜ林霊法が彰元を知っていたのですか」という私の質問に対し、「当時は、案内しろ、といわれて出かけただけで、何も聞いたりはしませんでした」とのお答えでした。國江さんは、「平和展」を参観し、再び彰元の名前を聞いた時の驚きは大きなものだったようです。「ご縁ですね」といわれました。「はい、ご縁です」と答えた私です。

後日、林霊法の訪問を照子さんにたずねました。林の訪問については記憶にないとのことでした。ところが急に、「思い出したことがあります」といい出されました。それは逮捕された後、彰元から「じょう（嬢）。照子さんは彰元からこう呼ばれていた）、名古屋あたりにはな、同じ反戦の気持ちを持った人が三人いるんだぞ」と話しかけられたそうです。その三人のうち一人が林ではないでしょうか。もちろん、林の属する新興仏教青年同盟に彰元が参加していた事実はありません。どこで知り合ったかも皆目見当がつきません。しかし、國江さんと照子さんの話を合わせると大きな事実につながっていくような気がします。

しかしこの「三人」というのも気になります。名古屋周辺で反戦言動にかかわったもので彰元と何らかの関係を持っていたのは、林霊法・前述の河野法雲の二人。あと一人を真宗大谷派植木徹誠（三重県）*といったら出来すぎでしょうか。憶測すれば、「三人」の人物が出てき

明泉寺山門と彰元の言葉を記した石碑

ます。偶然の一致なのでしょうが、ワクワクしてきます。

やはり彰元は一人ぼっちではなかったのです。彰元が知っていた反戦者三名。ぜひ名前を知りたいものです。そして、どんな交流をしていたのかも知りたいものです。

*『夢を食い続けた男　おやじ徹誠一代記』植木等　朝日新聞社　一九八四（昭和五九）年四月四日　参照。

もう一人、静かに顕彰を続けていた人物がいます。明泉寺前住職の信雄さんです。二〇年前、信雄さんから聞いた言葉です。

「田舎の村のことです。関係者はもう他界しているのですが、その家族たちはまだ近所に住んでいます。互いにいやな思いをするかもしれません。彰元の話を私からしたことはありません。史料があることも、誰にも話していません」と。では、彰元のことをどう思いますか、とたずねると「立派なおじいやったと思います。誇りです」と力強く語られました。

信雄さんは兵隊となっています。「おじい」は反戦僧侶、「坊」は兵隊として武器を手にしたのです。同じ僧侶としての矛盾があり、同じ家族の一員としての矛盾もあったことになります。セレベス島から復員した信雄さんは、彰元に関する史料に目を通します。明泉寺で僧侶としての実践を続けながら読んだのです。家族として彰元を顕彰しているだけではありません。一人の僧侶として顕彰し続けているのです。褒め称《ほたた》えるという意味の顕彰とは違います。深く静かに、そして痛みをもって。おそらく、彰元の史料ともっとも厳しく付き合い続けているのは信雄さんでしょう。

私は戦後世代。彰元の史料を読むのに、自分自身の戦争経験と対比させることはありません。しかし信雄さんは、自らの行動と彰元の行動を対比せざるをえない立場です。彰元の行動と反対の行動をした、だからこそ、心から彰元に敬服できるのではないでしょうか。

あたりまえの顕彰ではなく、自らに痛みをもった顕彰。林霊法と信雄さん、その経験は正反対のものですが、戦後、顕彰という共通したあゆみを残したのだと思います。

自らに痛みを持った顕彰。それは経験者しかわからないものなのかもしれません。二〇〇七（平成一九）年、彰元の「復権・顕彰」の際に大谷派は、明泉寺境内に彰元の顕彰碑の建立を提案しました。もちろん費用は大谷派本山負担です。ところが信雄さんは、「うちのおじいはそういう仰々しいことは嫌いやった。それよりも平和とは何かを自分の血肉として考えることが大事だ」と本山の申し出を断りました（かわりに明泉寺門前に「戦争は罪悪である　竹中彰元師之寺」という石柱が建立された）。

顕彰碑建立を断った信雄さん。あえて理由を質問していないのですが、自らに痛みを持つことの重要性を伝えたかったからの判断だと考えています。

「平和展」と彰元

真宗大谷派で初めて竹中彰元を取り上げたのは、一九七七（昭和五二）年八月三〇日発行の教学研究所編『近代大谷派年表』でした。この年表は事実を、「大谷派」「諸宗教」「一般」と分類していますが、竹中彰元については「諸宗教」に分類しています。これでは、注目されるはずはありませんでした（二〇〇四＝平成一六年三月三〇日、第二版出版。しかし「諸宗教」に分類されたまま）。

この年表を使っていた私も、当初竹中彰元を他宗派の僧侶と考え無視していました。ところが中濃教篤編『戦時下の仏教』（国書刊行会、一九七七＝昭和五二年一月二〇日）に出合います。

ここには、『社会運動の状況　昭和一二年』に掲載された竹中彰元の反戦言動が紹介されていました。

史料は、「竹中」を「升中」と誤植していましたが、「真宗大谷派明泉寺住職」（これも前住職の誤り）と明記しています。ここから彰元の調査を始めたのでした。一九八六（昭和六一）年のことでした*。

一九九〇（平成二年）四月一〇日から一五日まで、真宗大谷派名古屋別院で『平和展』が開催され、そこに彰元の反戦言動が展示されます。ついで一九九五（平成七）年から一〇年間、毎年真宗大谷派大垣別院の『別院平和展』で展示されます。

この年、大谷派が門徒向けに発行している『同朋新聞』九月号に竹中彰元が紹介されます。名古屋在住の門徒亀井鑛さんの努力によるものです。残念ながら反響は少なく、そのまま忘れられていきました。しかし、大谷派内では初めて彰元を文章として紹介したのです。戦争中と同じです。僧侶よりも門徒のほうが彰元の近くにいようとしたことがわかります。

二〇〇二（平成一四）年から毎年開催されている真宗大谷派岐阜別院『平和展』でも展示され、遅れて、東本願寺で毎年開催される『非戦・平和展』も二〇〇四（平成一六）年から彰元を展示しはじめています。彰元の地元の『平和展』の成果は、本山の『平和展』へと波及していきました。

＊『お寺の鐘は鳴らなかった』大東仁　教育史料出版会　一九九四年八月五日　参照。

市民とのつながり

忘れてならないのは、二〇〇二（平成一四）年の開館当初から彰元を常設展示している「岐阜市平和資料室」の存在です。大谷派の「平和展」は一定の期間開催されるだけなのですが、この資料室は通年開館されています。地元密着型の資料室として、岐阜県民である彰元の反戦を大きく評価しているということです。二〇〇八（平成二〇）年七月には、彰元の特別展をおこないました。

二〇〇七（平成一九）年九月二五日、真宗大谷派は竹中彰元へ下した処分を撤回します。一九三八（昭和一三）年に下された「軽停班三年」と布教使資格の剥奪を撤回したのです。大谷派は、反戦言動から七〇年たって、ようやく反省の意を表したのです。

この処分撤回には、「岐阜県宗教者平和の会」の活動が大きく影響しています。二〇〇〇（平成一二）年一〇月二一日、この日第一回の「彰元忌」が「岐阜県宗教者平和の会」により開催されました。一〇月二一日は彰元の命日です。以来七年間、「彰元忌」を主催し続けました。

そして二〇〇五（平成一七）年には、彰元の名誉回復嘆願署名二三七五名分を本山へ提出したのです。この署名運動が、彰元の「復権・顕彰」の直接の原因となったのでした。

「復権・顕彰大会」

署名の提出を受けて、本山も彰元を無視し続けることが難しくなりました。二〇〇六（平成一七）年六月七日、大谷派宗議会（僧侶の議員により構成される。国会の衆議院にあたる）で野党に属する村上大純議員が、「竹中彰元師の処分撤回並びに復権」について質問をしました。

翌年五月三一日、熊谷宗恵宗務総長が宗議会冒頭の施政方針演説で、彰元の「復権・顕彰」を表明したのです。

すでに地元大垣教区では、五月二一日に「竹中彰元師　復権顕彰学習会」を開催し、午後の部・夕方の二回の講演会をおこない、僧侶・門徒ら一四〇名が竹中彰元を学んでいました。

七月二五日には大垣教区教区会議員一同、翌日には大垣教区門徒会議員一同が「竹中彰元師顕彰決議」を決議しています。大垣教区も、準備を進めていたのです。

二〇〇七年一〇月一九日、土砂降りの一日でした。この日、真宗大谷派主催の「竹中彰元師復権・顕彰大会」が明泉寺を会場に開催されました。

参加者は総勢四〇〇名以上です。僧侶や門徒、そして彰元を顕彰してきた「岐阜県宗教者平和の会」や「岐阜市平和資料室友の会」など平和活動をしている市民も集いました。

会場周辺の交差点では、大垣教区の若手僧侶が雨合羽を着て道案内をしています。多くのボランティアに支えられての開催でした。

明泉寺に到着し、信雄さんにご挨拶にいきました。すると来賓の控え室に宗務総長はじめ、本山から来た人たちが集まっておられました。主催者が、来賓だったのです。彼らは彰元に対し「許してください」というために来たのか。「許してあげる」というために来たのか。本部用の部屋が必要なことはわかりますが、疑問を感じたのは私だけではなかったようです。

開会直前、宗務総長が本堂に入ります。「謝りにきた人が最後に入場するのか」という声が、遠慮がちにあがります。クスクス笑う門徒さんたち。何か違和感のある大会でした。

また、大会の計画が始まったときから「復権」という言葉に違和感を持っていました。復権とは権利が回復すること。彰元の場合、一九四一（昭和一六）年四月二七日に陸軍刑法違反の執行猶予期間も終わり、大谷派の処分も一九四〇（昭和一五）年五月一八日に満期。そして剥奪された布教使資格も一九四一（昭和一六）年四月一七日に再び与えられています。つまりこの一九四一年には彰元は復権しているのです。それがなぜ今、「復権」なのでしょうか。よくわからない理由があるようです。当日、本山解放運動推進本部職員にも質問したのですが、理由の説明はまったくありませんでした。明泉寺住職竹中眞昭さんも「復権・顕彰（処分を取り消し、功績を明らかにすること）」とあいさつ文を寄せておられます。ひょっとして、住職も「復権」という言葉に疑問を持っていたのかもしれません。

なにより大きな問題は、大谷派内に彰元を紹介することなく「復権・顕彰大会」をしたことです。「復権・顕彰大会」は二〇〇七（平成一九）年一〇月一九日。彰元の処分撤回の通達や、彰元の反戦言動を紹介した文章は、大谷派機関紙『真宗』の二〇〇七（平成一九）年一二月号に掲載されました。つまり、大垣教区以外の僧侶には内緒で「復権・顕彰」したことになってしまいます。不思議なことが、計画どおり進んでいったようです*。

問題の所在は「資格」にあると思っています。彰元は大谷派に顕彰される資格があるか。答えは「ある」ということです。では、大谷派は彰元を顕彰する資格があるか。この問いは検討されていなかったといわざるを得ません。自らを確かめることでなく、体裁を整えることにエネルギーを使ってしまったのでしょう。

自分の都合のいいように彰元を弾圧した大谷派。今後、自分の都合のいいように彰元を顕彰しようとする大谷派となっていってはならないと思います。それには事実を検証し、等身大の彰元を見つめなければならないと思います。今までのように彰元を矮小化することはもってのほかですが、逆に過大評価することも危険です。どちらも作為の結果だからです。まだ大谷派は等身大の彰元を見つけ出してはいないはずです。大会に際し宗務総長は、「今から顕彰のスタートです」と繰り返しました。ゼロからのスタートではありません。マイナスからのスタートであることを忘れてはならないと思います。

当日、信雄さんはさすがに準備が忙しかったのでしょう、疲れた顔をしていました。しかし声には張りがあり、気負ったところはなく、静かに大会を迎えたという表情でした。

大会の最後、信雄さんが彰元の話をされました。参加者の笑顔を誘うお話でした。本山の態度にはいろいろ不満があるにせよ、信雄さんのお顔を見て、満足を感じたのもまた事実です。

＊本山の解放運動推進本部は、彰元を「本山特命布教使」と紹介しているが、このような事実はないようである。

竹中彰元師の復権・顕彰に関する宗派声明

本年は、一九三七（昭和十二）年七月の盧溝橋事件を発端とした日中戦争が始まって七十年にあたります。当時、上海から南京へと戦線が拡大し、日本国中が戦勝報道にわき上がる最中、「戦争は最大の罪悪である」と戦争の本質を見抜き、身をもって戦争に反対した僧侶がおられました。

岐阜県不破郡垂井町岩手の真宗大谷派明泉寺前住職（当時）竹中彰元師は、一九三七年九月十五日、出征する軍人見送りのため垂井駅に向かう途中、「戦争は悲惨な事だ、一体戦争は罪悪である」。また、同年十月十日、組内寺院の年忌法要の席で、「徒に彼我の生命を奪い莫大な予算を費い人馬の命を奪うことは大乗的な立場から見ても宜しくない。自分は侵略のように考える」と発言されました。

この竹中師の発言は、宗派をあげて戦争に協力してきた中にありながら一人の念仏者として、宗祖親鸞聖人の教えに立ってなされたものでした。しかしながら、これらの言動により、同年十月二十六日に逮捕、陸軍刑法第九十九条の「造言飛語罪」にあたるとされ、一九三八年四月二十七日、禁錮四カ月執行猶予三年の有罪判決を受けられました。宗派は、国家の処分に準じて、同年十一月十八日、竹中師を軽停班三年及び布教資格剥奪に処したのでありました。

明泉寺のご門徒は、国家の処分に対して用意した「歎願書」のなかで、「老師の一生は法に活き、法のために活躍せられ、私ども凡夫を救うに法を以ってせられ、老師の一生を通じての功業は実に法に終始せらるるものと謂ふべし。…非違なきに非違ありとせんとするが如き輩あるが為に老師の晩年を傷つくる如きは仏も菩薩も許したまはざる処にして…」と述べられています。

このご門徒のお心にふれる時、竹中師の志願に耳をかたむけることなく、非戦をとなえ教えに生きんとした僧侶に対し、処分を下したこと自体が、宗派が犯した大きな過ちであります。このことによって、師はもとよりご家族と明泉寺同行の皆さまに苦痛と悲しみをもたらしました。さらに今日まで放置し続けてきたことを思いますと、慚愧に堪えず、心より謝罪いたします。

爾来七十年、遅きに失したことでありますが、ここに宗派として竹中彰元師に対する当時の処分を取り消します。そして師の復権への取り組みを通して、師のように仏法を持って社会に生きられた方々の志願を受け止め続けてまいります。

二〇一一年の宗祖親鸞聖人七百五十回御遠忌をお待ち受けする中で、改めて現代社会における宗門存立の意義を問い、人類に捧げる僧伽たらんとして、信の回復という使命を願わざるをえません。

当時、社会に生きる人々に非戦を語りかけられた竹中彰元師の足跡を振り返り、師の念仏者としての歩みを顕彰し、その時代を検証することをとおして、今を生きる私たち一人ひとりの歩みを確かめる取り組みをすすめてまいります。

二〇〇七年十月十九日　　真宗大谷派　宗務総長　熊　谷　宗　恵

※「国家の処分に対して用意した歎願書」という記述は誤り。検察での取調べ中に準備・提出された。

左記のとおり再審審問院の判定が確定されたから審問条例第四十五条第二項により、これを掲示する。二〇〇七年九月二十五日　宗務総長熊谷宗恵

記

一、氏名　竹中彰元

二、住所　岐阜県不破郡垂井町岩手六三一番地

三、僧籍及び身分　大垣教区　第十一組　明泉寺　前住職（一九三八年十一月八日現在）

一九四五年十月二十一日死亡

四、判定　一九三八（昭和十三）年十一月十八日付軽停班三年の判定を取り消す。
五、判定確定日　二〇〇七年九月二十五日

以上

告示第十号
左記の処分を取り消す。
免役務（一九三八年十一月十八日）
布教使　竹中彰元
二〇〇七年九月二十五日　宗務総長　熊谷宗恵

明泉寺住職　竹中真昭

この度の竹中彰元復権顕彰大会開催にあたり、ご本山や大垣教務所、また今大会の準備プロジェクトの皆様方にお礼を申し上げます．また彰元に光を当てていただいた関係者の皆様方に感謝いたします。

竹中彰元は、明泉寺一四代住職であり当時の日本は戦争に勝つことが国の最大の目標であり戦争反対発言は禁句でありました。その中で「戦争は罪悪である」と発言し、その結果有罪判決を受け逮捕され本山からも処分をくだされました。彰元の発言の根本にあったのは、「仏教の精神は戦争否定」であった。まさに経典のなかにある「兵戈無用」＊そのものでありそれを実践した僧侶でありました。

今日、平和は大切であるといいながらも日本では憲法第九条の改正が話題になり、イラクではアメリカ兵がすでに三〇〇〇人以上も亡くなっています。この情勢の中で、彰元の復権顕彰大会（処分を取り消し、功績を明らかにすること）を単なる一つの大会としてのみとらえるのでなく平和とは何かを皆様が自分の問題として考えてくださる縁にしていただけることを願うばかりであります。

＊仏説無量寿経。「兵隊も武器もいらない」という意味

明泉寺前住職　竹中信雄

私、彰元の孫でございます。皆さんも今日はお疲れになっとられることと思います。私に与えられた時間もわずかですので、ほんの少し思い出をお話しさせていただきます。

まあ、彰元じいさん、非常に厳しい性格の人でした。昭和十二年盧溝橋事件の時には、私、大谷大学の予科に入りました当時です。おじいさんは「おい、お前もやがて兵隊にとられるぞ。そして、戦場に行かんならんぞ。お前、しっかりした信念はあるか」ということを私に尋ねました。まったく私は何にも答えられずに「へえー」と言って首を下げていたような有様でした。

ちょうど昭和の初期は不景気で、この村でも銀行がつぶれていきました。この村の人たちも大変動揺しておりました。彰元じいさんも預金が少しあったんでしょう。銀行がつぶれた話を聞いて「致し方ない。つぶれたものはしょうがないじゃないか。しょうがない」。ただそれだけ言って、平然としておりました。大変やっぱり腹の据わったおじいやったな、ということを思い出します。

しかし、非常に厳しい性格でしたけれども、また一面、子どものように「おい、坊よ。おれの名前は、前々管長さんの彰如上人から彰の字をもらったわい」と言って、喜ぶ顔を私、見ております。あんなうれしい顔を見たことございませんでした。ああ、やっぱりおじいもよっぽどうれしかったんやなあと思い出します。

彰元じいさんは妹の多喜ばあさんには、大変世話をかけております。ところが、多喜ばあさんは心臓麻痺で非常に早く、ころっと死んでしまいまして、それが終戦の九月でございました。それを聞いて彰元じいさんは、もう割れんばかりの声を上げて泣き叫んだと聞いております。やっぱり妹に世話をかけたということが、よっぽど身に沁みたんやなあというようなことも思い出します。

同じ年の十月二十一日に七十九歳で往生を遂げました。ですから、私は彰元じいさんの、非常にむずかしいけれど人間性のある生き様というものは、遠く私とは、年は離れておりますけれども、何か、今でも非常にしみじみと感ずるものがございます。

今日、むずかしい世の中ではありますけれども、いよいよこれより本当の真実の我々の浄土真宗のご信心は、この本当の仏法魂、仏法精神をいかにこのむずかしい世の中に、本当の平和のために、自分自身がこの身を粉にして、先ず私より味おうて一日一日がんばっていかんならんと。私自身を抜きにしては、あれこれ言うたって話にならんのでありまして、この私も八十……。八十いくつになりまして、この残ったいのちを精一杯がんばって生きたい。そのためにやはり人間性のある、本当に真実のある精神性、仲の良い仲間と、私はお互いに手を結んで、邁進したいなということを思わしていただいております。

ありがとうございました。

反戦言動の意味

戦争協力はしかたがない、反戦など不可能であった、という言い訳が続けられています。中には、ありもしない弾圧や強制を作り上げ、大谷派を被害者にしようという努力もされています。「戦争に反対すれば本山でも潰されかねない時代であった」*1というのが代表的でしょうか。彰元が戦争に反対して、本山が潰された事実などはありません。

大谷派が彰元を「復権・顕彰」するという話を聞いた時、正直心配になりました。というのは、今まで繰り返されてきた言い訳を否定することになるからです。戦争反対が「不可能」だったら、彰元の事実は存在しません。彰元の事実は、戦争反対が可能だったことを証明しているからです。つまり、「不可能」ではなく、「しなかった」ことになるのです。彰元の行動は、十五年戦争の時代でも反戦が可能であったことを証明しているのです。

また、戦後世代が戦争責任を主張すると、「後世に生きた者が当時の者を批評して批判することは容易なこと」「自分を抜きにした無責任な批判ならば、慎まなければならない」*2などと、戦争責任を論じることが批判されることがあります。私なりの反論はいくつかあるのですが、それよりも彰元の存在はどうするのでしょうか。彰元は後世に生きたものではなく、自分を抜きにした批判をした人でもありません。とすれば、僧侶の戦争責任を追及するのに、彰元の反戦の論理ならば問題がないことになります。

今、大谷派には戦争の事実に対し、相反する見解が存在します。「戦争反対はできなかった」というものと「戦争反対は立派だった」というものです。この見解を両立させるには、「彰元は例外のスーパーマンだった」としてしまうのが、最も簡単な方法だと思います。彰元をスーパーマンではなく、一人の人間として評価していかなければなりません。

彰元の発言は過去のものではありません。「戦争支持は仕方がなかった」という自分抜きの言い訳を否定します。「不可能だった」と客観性を装った言い訳は否定され、「私はしなかった」「私はできなかった」というように、状況だけではなく、「自分」をも問うているのです。そして戦後世代に、戦争責任の追及の原動力を与えてくれるのです。

戦後になり、自分自身の戦争責任を懺悔した僧侶はほとんどいません。客観的装いをした理屈と、経験もないくせに、という論理で不問に付し続けました。彰元の事実は、これらの方法をはっきりと否定するものなのです。

そして大谷派僧侶である私にとっては大切なことがあります。彰元の存在がなかったら真宗大谷派は浄土真宗の組織ではなくなっていたということです。一〇〇パーセント「皇道真宗」*3という教団になってしまっていたのです。

わずかとはいえ、戦争の時代にも浄土真宗の教えが継続していました。だからこそ、大谷派は真宗の教団です、といえるのです。だからこそ、私は大谷派の僧侶です、といえるのです。彰元の存在は、浄土真宗が現在にまで継続していることの根拠なのです。

＊1、2　水島見一『大谷派なる宗教的精神』真宗大谷派宗務所出版部　二〇〇七（平成一九）年九月一〇日

＊3　一九四三（昭和一八）年三月七日の大谷派宗議会（大谷派の国会にあたる）から使われ始めた言葉。「浄土真宗」とは「浄土の真実を宗とする」、つまり浄土の真実を絶対の価値観とする、という意味。「皇道真宗」は「天皇の政の真実を宗とする」という意味。これは仏教ではなく、国家神道の教え。

私にとって彰元とは

最後に私自身の彰元観を記そうと思います。先に、「大谷派は彰元を顕彰する資格があるか」などと、えらそうなことを書きました。では私には、彰元を顕彰する資格はあるのでしょうか。

こんな想像をしてみました。一九三七（昭和一二）年一〇月二一日、近在の僧侶たちが彰元

に反戦言動の撤回を求めた場面です。もしここに私がいたならば……。

私も同様に彰元へ発言の撤回を求めていたと思います。彰元の身を案じ、やさしく撤回を求めたと思います。すると彰元は「言論の自由じゃ」と答えるでしょう。

こうなれば私は、「このくそじじい」と叫んで、彰元の襟をつかみ、何度もゆさぶっていたことでしょう。なんと憎たらしい奴だと思ったはずです。私は彰元のような「真宗僧侶」ではなく、近在の僧侶と同様「大谷派僧侶」のようです。

私には彰元を「顕彰」する資格はないようです。ただし、彰元を「検証」することは続けていきたいと思います。彰元を学ぶ（検証する）ことが第一歩。そしてその後、彰元に学ぶ（顕彰する）ようにすればいいことです。段階を経ることは大切なことではないでしょうか。と、言い訳したところで話を進めていきます。

「竹中彰元をどう思いますか」と聞かれれば、私は間違いなく「タワケです」と答えるでしょう。現に講演などでは、彰元をアホ呼ばわりしています。だって侵略戦争の時代、大谷派の僧侶のくせに反戦を訴え、平等を語ったのですから、タワケ以外何者でもないじゃないですか。逮捕されることを知っていて、非国民と呼ばれることを知っていて、それでも反戦を主張し仏法を伝えたのですから。

こんな彰元のことを考えると、親鸞聖人の師匠である法然上人のお言葉を思い出します。

「浄土宗のひとは、愚者となりて往生す」（末燈鈔）

彰元は間違いなく「愚者」でした。

堂々と人生を歩んでいた彰元。しかし私は、彼が警察に逮捕され、取調べを受け、法廷の場に立つ、そんな時の彼の孤独に同情されてなりません。かわいそうにも思います。彼には家族がいました。友人もいました。そして明泉寺の門徒たちもいました。しかし時として、孤独に支配されることはあったようです。警察の取り調べでも、気弱な発言をしたことは何度かありました。そんな孤独と戦う彼の姿を想像すると親鸞聖人のお言葉を思い出します。

「弥陀の五劫思惟の願をよくよく案ずれば、ひとえに親鸞一人がためなりけり」

（歎異抄）

孤独に支配された彰元。それでも平和を主張し続けた彰元。そんな彼の姿は、「一人がためなりけり」という法語の実践だと考えています。

そして大谷派に弾圧された事実。多分彰元にとってはたいしたことではなかったでしょう。近在の僧侶たちの行動や態度から、大谷派の弾圧は十分予想していたことと思います。

「ただ仏恩の深きことを念じて、人倫の嘲《あざけ》りを恥じず」（教行信証）

大谷派により弾圧された時、彰元はもう「大谷派僧侶」ではありませんでした。「真宗僧侶」だったのです。彰元は大谷派の弾圧を、きっと「人倫の嘲り」と聞いたことでしょう。そして「平和」という仏恩を深く感じていたことでしょう。

以上の三つの法語。私が彰元を考える時、常に浮かんでくるお言葉です。

しかし、残念ながら私は彰元にはなれないようです。あんな時代になれば、よくて「沈黙」、悪ければ戦争協力の推進役を務めることになるでしょう。彰元のように真宗の教えに誠実になっていないことは、自他共に認めるところです。

そんな現状の私。これを肯定した上で、一つ見つけたことがあります。彰元になれないということは、戦争の時代に戦争反対はできません。だとすれば、戦争の時代にしなければいいことです。そうすれば、私が本物であろうが偽者であろうがかまわないということになります。

彰元にも限界がありました。彰元は、反戦を広げることができなかったのです。この限界は、戦争の時代に反戦を主張したからだと思います。彰元は、戦争前にこそ反戦を訴えるべきだったのでしょう。そして、戦争をやめさせるのではなく、戦争を起こさせないようにすべきだったのでしょう。

自分の限界と彰元の限界。この二つをあわせて考えれば、「戦争をやめさせる」のではなく、「戦争を始めない」ことに努力すべきだと思います。それはいつか。今です。私が、私たちが生を受けている今しかありません。

今、私は彰元を語ります。それは今、彰元の言葉や行動が、私にとって最も大切であると考えているからです。

おわりに

竹中彰元と出会って二一年が経ちました。やっと彰元の生涯と事跡をまとめることができました。大きな責任を果たせた気がしています。「彰元を学ぶ」ことに区切りをつけられたようです。もちろん、資料の発掘はこれからも続けていかねばならないと思います。彰元の反戦を理解するには、「侵略の進展」、「大谷派の戦争協力」、「日本国民の戦争支持」、「彰元の交友関係」の四つの課題調査が必要だと考えています。

彰元については大きな疑問が残っています。それは、「大日本帝国」と「真宗大谷派」を無視する価値観を、どこで身につけたかということです。反戦言動の「きっかけ」はわかりました。今度はその原因を探っていきたいと思います。誰の、どんな影響があったのか。彰元の交友関係などの調査は、大変重要なことと考えています。

また、今までもこれからも、彰元についての調査成果を大谷派という囲いの中に閉じ込めないことが大切です。閉じ込めようとする動きにも注意を払わねばなりません。大谷派も、みんなの竹中彰元、にする努力が必要なはずです。それには、審問会の資料公開が最も効果的だと提案できます。

二〇年間、彰元を学ぶ中、多くの人々との出会いがありました。明泉寺前住職の竹中信雄さん。大学生であった私の調査依頼を受け入れてくださり、証言や史料を提供してくださいました。必ず「まあ、なんですな。うちのおじいはね」と話し始められます。たくさんのお話を聞かせてくださいました。

二〇〇七年には、信雄さんの息子眞昭さんが明泉寺住職を引き継がれました。以来、このお二人にお世話になっています。そして信雄さんの妹駒付照子さんも、彰元のお話を聞かせてくださいました。

真宗大谷派大垣教区の稲葉当意さん・松島勢至さん・佐竹哲さん・柘植至さん、藤宗智秋さんは、竹中彰元の冊子（非売品）をまとめるため、調査研究をともにした仲間です。多くのご教示をいただきました。

他にも、彰元の顕彰のため、署名活動を展開された真宗大谷派入徳寺住職広瀬顕雄さんら「岐阜県宗教者平和の会」のみなさん。彰元の反戦言動を常設展示している篠崎善樹さんら

「岐阜市平和資料室」友の会のみなさん。彰元の哲学館時代をご教示くださった井上円了記念学術センターの三浦節夫先生。今もなお、否、今だからこそ、彰元を支える人々がたくさんでてこられたのでしょう。

最後になりますが、彰元についての出版の労をとってくださった、風媒社劉永昇さんに感謝の意を表したいと思います。

「彰元を学ぶ」ことに一応の区切りをつけられたようです。私の今後は、「彰元を学ぶ」から「彰元に学ぶ」ことへ重点を移していきたいと思っています。そして、竹中彰元を学び、竹中彰元に学ぶ方々と一人でも多く出会っていきたいと思います。

合掌　釋 仁空

研究科卒業
上杉文秀　鬼頭覺道　河野法雲　鈴木曇華
和田大嘉　山本敎應　大幸頓慧　藤田誓成
本科第一部卒業
小原一雄　葦原林元　安藤義本　高木諦量
舘登　中島順道　粟田龍照　間野開門
北條普照　村上惠諦　里雄宏曜　蓬茨鑒正
呼野諒　華岡眞興　選科生榊原隆闡
本科第一部第三年修了
藤井秀丸　井口成惠　松原敎圓　智沼心寂
石井主馬　九頭龍敎護　三宅宣暢　吉谷覺賢
福田義眞　武本秋　大西惠琳　武宮持
同　選科生
山口恭讓　高椋神覺　加藤泰玄　竹中慈元
清德謙禮　二階堂法城　能村惠
本科第二部第三年修了
蕪城賢順　永井濤江　南浮智成
同第一部第二年修了
崇谷四杜　櫻部公鑒　早川孝嶽　島田了意
一柳智成　渡邊徹到　山本一成　長谷川信了
清水智誠　千田慈暢　川那邊圓照　波來谷純意
三村純正

彰元三年生修了　『本山事務報告』　1896（明治29）年7月25日
真宗大谷派本願寺寺務所文書科

明治三十年八月九日
祝辭
伏シテ惟ンミルニ人ヲ化セント欲セハ先ツ自ヲ正ウシ外ニ張ラント欲セハ先ツ内ヲ養フ未タ内ヲ養ハスシテ能ク外ヲ張リ自ラ正ウセスシテ能ク人ヲ化スルモノハアラサルナリ此理了々人皆之ヲ知ルト雖モ之ニ反スルモノ多シ或ハ徒ラニ此ノ滔々ノ風潮ヲ悲ンテ遂ニ共ニ流レテ自ラ知ラサルモノアルハ何ソヤ特立獨行ノ精神堅忍不抜ノ氣節足ラサレハナリ此ノ精神氣節ヲ有スルモノハ此ノ大學ヲ外ニシテ復タ安クニカ求メン夫レ國ハ一人ヲ以ヲ興リ一人ヲ以テ亡フ和合ヲ以テ成リ離散ヲ以テ敗ル宗敎モ亦然リ之ヲ恐レ之ヲ救ハサルモノハ宗敎者ニアラサルナリ然ラハ則諸子ノ前途ハ世人ノ耳目ヲ注ク所責ニ任重ク責大ナリト謂フヘシ本日研究科及ヒ本科ノ卒業式ヲ擧ク　法主臺下親臨シ給ヒ貴賓賁來セラル卒業生ノ幸榮何ヲ以テ之ニ加ヘン今ヨリ此ノ幸榮ト責任トヲ荷ヒ境遇ノ如何ヲ問ハス中道ニシテ爲法ノ赤心ト確實ナル事業トヲ失墜スルコトナクンハ克ク滔々ノ風潮ヲ挽回シ嶺眞宗ノ光輝ヲ世界ニ發揚スル遠キニアラサルヘシ謹テ祝ス
眞宗大學々監代理
主幹　藤谷還由

明治三十年八月九日
眞宗大學敎員總代
藐姑射貫之

研究科卒業
伏見研明　草間仁應　濟邊西相　出雲路善祐
清水演道　江上大成
本科第一部卒業
藤井秀丸　井口成惠　松原敎圓　吉谷覺賢
石井主馬　智治心寂　三宅宣暢　九頭龍敎護
澤敎觀　武本秋　大西惠琳　武宮持
選科能村惠
本科第二部卒業
蕪城賢順　南浮智成　永井濤江
第一部選科卒業
山口恭讓　加藤泰玄　竹中慈元　高椋神覺
清德謙禮　二階堂法城

第四十七號　明治三十年八月卅一日

彰元卒業　『本山事務報告』1907（明治30）年8月31日
真宗大谷派本願寺寺務所文書科

昭和八年御正忌 總會所布教

二十一日

午後一時
讃題（末燈鈔） 竹中 彰元
示談 男同行

午後六時半
讃題（末燈鈔） 竹中 彰元
同（御一代聞書） 喜多山稱善
示談 男同行

二十二日

午前七時半
讃題（淨土和讃初首） 廣陵 了賢

午後一時
讃題（御傳鈔） 西嶋 研英
同（末燈鈔） 竹中 彰元
示談 男同行

午後六時半
讃題（如來大悲） 水江 賀中
同（五帖目六通） 星津 法城
同（末代無智） 服部三智麿
示談 女同行

二十三日

午前七時半
讃題（彌陀成佛） 廣陵 了賢

午後一時
讃題（末燈鈔） 竹中 彰元
同（聖人一流） 武村 治
示談 男同行

午後六時半
讃題（神明三ヶ條） 跡見 法專
同（正信偈） 岸本 義導
同（末代無智） 服部三智麿
示談 男同行

二十四日

午前七時半
讃題（彌陀佛本願念佛） 岸本 義導

午後一時
讃題（二帖目三通） 曲谷 慶准
同（末代無智） 服部三智麿
示談 男同行

午後六時半
讃題（末燈鈔） 竹中 彰元
同（御傳鈔） 河邊 賢雄
同（帖外御文） 貝沼 勇見
示談 男同行

二十五日

午前七時半
讃題（彌陀成佛） 廣陵 了賢

午後一時
讃題（已能雖破無明暗） 伊奈 教順
同（末代無智） 服部三智麿
示談 男同行
夜は大師堂御傳鈔につき休み

恒例お煤拂ひ

本山恒例の兩堂お煤拂ひは十二月二十日に取行はれた。
尚諸殿並に宗務所の煤拂ひも同日に行はれた。

二十六日

午前七時半
讃題（正信偈） 岸本 義導

午後一時
讃題（悩んで接するに…） 雨森 一意
同（聖人一流） 荻 英傳
同（和讃） 飛鳥井義天
示談 男同行

午後六時半
讃題（御傳鈔） 西嶋 研英
同（同　） 黒川 鳳了
同（聖人一流） 武村 治
讃題（末代無智） 服部三智麿
示談 男同行

二十七日

午前七時半
讃題（五十六億） 廣陵 了賢

午後一時
讃題（正信偈） 伊奈 教順
同（御聖教） 藤原 春曉
同（末代無智） 服部三智麿
示談 男同行

午後六時半
御通夜説教
西嶋 研英　山田 靈城　藤原 春曉
服部三智麿　曲谷 慶准　竹中 彰元
松山 順道　岸本 義導　伊奈 教順
武村 治　荻 英傳　河邊 賢雄
竹中 昇雄
示談 男同行

二十八日

午前七時半
讃題（神明三ヶ條） 河野 法靈

午後一時勤行
讃題（末燈鈔） 竹中 彰元
同（末代無智） 服部三智麿
示談 男同行

午後六時
讃題（末燈鈔） 竹中 彰元
示談 男同行

（右示談係 竹中 彰元 服部三智麿）

報恩講記事　『真宗』287号　1934（昭和9）年1月5日
大谷派宗務所社会課

免役務（二、八）　布教使　竹中彰元

布教使補申付　列例授一級　准學師　明野久遠

同　同（以上三、七）同　内藤元輔

同　同　同　平靜宣

同　同　同　佐藤諦見

同　同（以上一、三）同　梅溪昱堂

同　列例授二級（一、一三）　藤谷湛澄

同　列例授四級　舘澄雄

同　同　宇佐美竹雄

「免役務　布教使」辞令　『真宗』450号
1939（昭和14）年2月15日　大谷派宗務所社会課

達令

直達

宗憲第十九條及第四十八條ニ依リ來ル六月十二日ヲ以テ宗議會ヲ召集ス

昭和十五年五月七日

宗務總長　安田力

稟命　參務　竹中茂丸

參務　爲鄕世淳

紀元二千六百年奉讃法要執行ニ當リ曩ニ處分ヲ爲シタル宗憲違犯者ノ中左ノ條項ニ據リ特ニ之ヲ減免セシム

昭和十五年五月十日

宗務總長　安田力

稟命　參務　竹中茂丸

參務　爲鄕世淳

告達第三號

第一條　本則發布前ニ於テ處分ヲ爲シタルモノヽ中戒愼ノ情顯著ナルモノニ對シ左ノ例ニ據リテ之ヲ減免ス

一、奪班

處分ヲ受ケ既ニ五年ヲ經過セルモノハ重停班七年トシ未タ五年ニ滿タサルモノハ重停班十年トス

一、停班

期限未タ其ノ半ニ至ラサルモノハ其ノ期限ノ一半ヲ減シ其ノ半ヲ過キタル者ハ之ヲ宥免ス

一、降班

期限未タ其ノ半ニ至ラサルモノハ其ノ期限ノ一半ヲ減シ既ニ其ノ半ヲ過キタルモノハ之ヲ宥免ス

第二條　左ノ各項ニ該當スルモノハ之ヲ宥免セス

一、擯斥ノ處分ヲ受ケタルモノ

一、除名ニ處セラレタルモノ

一、凡テ貨財ニ關スル非違ニシテ處分ヲ受ケ其ノ義務未タ完了セサルモノ

一、國律ヲ犯シ刑期未タ滿タサルモノ

一、處分後改悛ノ狀況無キモノ

『真宗』466号
1940（昭和15）年6月15日　大谷派宗務所社会課

岐阜縣不破郡岩手村
明泉寺前住職　竹中　彰元
本年告達第三號第一條ニヨリ以特別斟酌
處分ツ輕減セラレ　昭和十五年五月十八
日ヲ以テ滿期トス（五、一〇）

刑期軽減辞令
『真宗』467 号
1940（昭和 15）年 7 月 15 日
大谷派宗務所社会課

○布教使
命布教使　列親授二級（四、一七）竹中　彰元
同（四、一三）　列親授一級學師　不破　幹雄
開教使　釜田　弘文
同　列親授二級
同　同　同　朝倉　智了
布教使補　蒲池　實成
同（以上四、一三）列親授三級
同（五、六）　同　同　三矢　惠覺

「任布教使」辞令
『真宗』468 号
1941（昭和 16）年 6 月 15 日
大谷派宗務所社会課

岐阜地方	竹中彰元 當七十一年 僧侶	陸軍刑法違反	戰爭ハ一ツノ罪惡デアルト同時ニ人類ノ敵デアルカラ止メタ方ガヨイ決シテ國家トシテ戰爭ハ德ナモノデハナイ今度ノ豫算モ非常ニ尨大ナモノデ之ハ出征軍人ガ多數應召シ銃後產業ニ打擊ヲ受ケ其ノ上ニ徒ニ人馬ヲ殺傷スル殺人的ノ豫算ダ戰爭ハ此ノ意味カラ言ツテモ止メタ方ガ國家ノ爲ニ賢明デアル云々ト語ル	十二、十一、十三 求豫審	十三、三、十二 禁錮四月 十三、四、二七 禁錮四月 三年間執行猶豫

『社会問題叢書第 1 輯』「支那事変に関する造言飛語に就いて（思想研究資料特輯第 55 号）」　支那事変下に於ける不穏言動と其の対策に就て」　東洋文化社
1978（昭和 53）年 8 月 20 日

[著者紹介]
大東　仁（だいとう・さとし）
1965年、愛知県生まれ。1987年、奈良大学文学部史学科卒業。1990年、真宗大谷派にて得度（僧侶となる）。1991年、同朋大学別科（仏教専修）修了。真宗大谷派圓光寺住職、真宗大谷派名古屋教区教化センター研究員。大阪経済法科大学アジア研究所客員研究員。
（著書）
『お寺の鐘は鳴らなかった ―仏教の戦争責任を問う』（教育史料出版会・1994年）
『ハイラル　沈黙の大地』（共著、風媒社・2000年）
（論文）
「占領下南京の宗教工作」（『東アジア研究』第48号、大阪経済法科大学アジア研究所、2007年3月30日）

戦争は罪悪である　反戦僧侶・竹中彰元の叛骨

2008年10月11日　第1刷発行　（定価はカバーに表示してあります）
2016年 3月 7日　第3刷発行

著　者　大東　仁
発行者　山口　章

発行所　名古屋市中区上前津 2-9-14　久野ビル　振替 00880-5-5616 電話 052-331-0008　http://www.fubaisha.com/　風媒社

乱丁・落丁本はお取り替えいたします。　＊印刷・製本／安藤印刷
ISBN978-4-8331-0541-5